Die Grossen Abenteurer

Meriwether Lewis gerät in große Not, als ein wütender Grislibär hinter ihm aufkreuzt;
in Ein Grislibär greift an.

DIE GROSSEN ABENTEURER

Wahre Geschichten spannend erzählt

von
RICHARD PLATT

illustriert von
GEORGE SHARP
SOWIE MALCOLM CHANDLER,
ROB McCAIG UND
ANDREW WHEATCROFT

Ein Dorling Kindersley Buch
www.dk.com

Ein Dorling Kindersley Buch
www.dk.com

Projektbetreuung Mary Atkinson

Gestaltung Sarah Ponder, Peter Radcliffe

Lektorat Scarlett O'Hara

Cheflektorat Linda Martin

Bildlektorat Julia Harris

DTP Designer Andrew O'Brien

Recherche Robert Graham

Herstellung Ruth Cobb, Lisa Moss

Titel der englischen Originalausgabe:
Illustrated Book of Great Adventures

Aus dem Englischen von Paul Friedel

Die Deutschen Bibliothek – CIP-Titelaufnahme
Ein Titeldatensatz für diese Publikation ist bei
Der Deutschen Bibliothek erhältlich

Bearbeitung der deutschen Ausgabe:
lüra-Service für Verlage, Wuppertal
Satz der deutschen Ausgabe:
stallmeister publishing, Wuppertal

Printed and bound in Hong Kong by Dai Nippon,

ISBN 3-928044-67-2

INHALT

Einführung 6

ENTDECKUNGEN, EROBERUNGEN UND RAUBZÜGE

Hannibal überquert die Alpen
Hannibal 10

Leif der Glückliche
Leif Eriksson 12

Am Hof des Kublai Khan
Marco Polo 14

Der fromme Wanderer
Ibn Battúta 16

Kolumbus segelt gen Westen
Christoph Columbus 20

Das Kap der guten Hoffnung
Vasco da Gama 24

Das Gold von Mexiko
Hernán Cortés 28

Eine tollkühne Flucht
Benvenuto Cellini 32

In Piratenhand
Miguel de Cervantes 34

Die dreiste Rebellin
Moll Cutpurse 36

Der schmucke Wegelagerer
Claude Duval 38

Der wahre Robinson Crusoe
Alexander Selkirk 40

Blackbeard, der Pirat
Blackbeard 42

Kapitän Cooks letzte Reise
James Cook 46

Gefahren der Wildnis

Die Erforschung Südamerikas
Alexander von Humboldt 50

Ein Grislibär greift an
Lewis und Clark 54

Über den reißenden Fluss
Davy Crockett 56

Verkleidet nach Timbuktu
René Caillié 58

Die Rani von Dschansi
Lakshmi Bai 62

Ein tödlicher Wüstentreck
Burke und Wills 64

Ned Kellys letztes Gefecht
Ned Kelly 68

Ein afrikanisches Abenteuer
Mary Kingsley 70

Cortés und seine Soldaten geraten in eine Falle.

Über die Grenzen der Welt hinaus

Wettlauf zum Südpol
Amundsen und Scott 74

Der rote Baron
Manfred von Richthofen 76

Nonstopp nach Paris
Charles Lindbergh 78

Das große Luftderby
Amelia Earhart 80

Auf der *Kon-Tiki*
Thor Heyerdahl 82

Auf den Gipfeln des Everest
Hillary und Tenzing 86

Die erste Reise ins All
*Yura*ondlandung
Armstrong und Aldrin 92

Stichwortverzeichnis 94

Titus Oates verschwindet in dichtem Schneegestöber.

Australische Ureinwohner versuchen Burke und Wills zu helfen.

EINFÜHRUNG

WAS MACHT MENSCHEN zu Abenteurern? Manche spüren einen unbezwingbaren Drang in die Ferne, andere den heftigen Wunsch, Schätze zu finden oder Grenzen zu überwinden. Sie alle aber treibt ein unstillbarer Hunger nach Erlebnissen – und nach dem Leben selbst.

Als im 15. Jahrhundert Kolumbus und andere Entdecker im Triumph aus dem Westen heimkehrten, erfuhren viele Europäer zum ersten Mal von der Existenz des amerikanischen Kontinents. Die Seefahrer berichteten von fremdartigen Menschen und weiten, wunderschönen Landschaften, in denen Grislibären, Büffel und Jaguare umherstreiften. Sie brachten neue Nahrungsmittel mit – zum Beispiel Gewürze, Kakaobohnen und die Kartoffel – und sie erzählten von reichen Gold- und Edelsteinfunden.

Abenteurer sind immer große Risiken eingegangen, sie haben sich nie abschrecken lassen, weder von wilden Tieren, Banditen oder Unwettern noch von der Furcht vor dem Unbekannten. Heute besteigen sie hohe Berge, erforschen das Eis der Pole und wagen das Gefährlichste und Aufregendste überhaupt: die Erkundung des Weltalls.

VERSCHIEDENE TYPEN VON ABENTEURERN

Nicht alle in diesem Buch beschriebenen Abenteurer waren auch Entdeckungsreisende. Manchen gelang eine verwegene Flucht aus Gefangenschaft, andere machten als Rebellen oder Gesetzlose von sich reden. Wieder andere waren Verbrecher, die sich über alles, was ihnen im Weg stand, rücksichtslos hinwegsetzten. Der Pirat Blackbeard zum Beispiel war ein solcher Schurke (siehe S. 42–45). Einige Geschichten erzählen von Abenteurern, die früher als Helden verehrt wurden, obwohl ihre Taten aus heutiger Sicht überaus grausam erscheinen. Noch vor 100 Jahren beispielsweise rühmte man den Mut der spanischen Eroberer, deren Taten man heute kritisch beurteilt.

In den meisten Geschichten dieses Buches spielen Männer die Hauptrolle, was aber keinesfalls besagt, dass Männer im Vergleich zu Frauen die besseren Abenteurer wären. Die meisten von ihnen lebten allerdings zu Zeiten, da Männer und Frauen noch nicht die gleichen Rechte besaßen. Nur die

mutigsten Frauen wagten es, gegen die bestehende Ordnung aufzubegehren. Außerdem waren die meisten Historiker (Gelehrte, die sich mit der Vergangenheit beschäftigen und darüber schreiben) ebenfalls Männer, die nun einmal aus männlichem Blickwinkel die Geschichte betrachteten.

Wer weiß, wie viele Abenteurerinnen aus diesem Grund in Vergessenheit geraten sind?

Sind die Geschichten wahr?

Heutzutage erfahren wir aus Fernsehen und Zeitungen von abenteuerlichen Glanztaten. Fotografie und Film sind jedoch ziemlich neue Erfindungen. Diese Art von »Beweismaterial« gab es früher nicht.

Viele Abenteurer konnten nicht einmal schreiben. Sie erzählten ihre Erlebnisse allen, die zuhören mochten. Wahrscheinlich sind dabei so manche frei erfundenen Einzelheiten eingeflossen …

Gelegentlich finden wir heute noch Hinweise auf Abenteurer aus dem Altertum. Zum Beispiel konnten Wissenschaftler 1963 im kanadischen Neufundland 1 000 Jahre alte Gegenstände ausgraben, die von den Wikingern stammen. Also haben diese – vielleicht sogar Leif Eriksson (s. S. 12–13) – Nordamerika erreicht, und zwar 500 Jahre vor Christoph Kolumbus (s. S. 20–23).

Es lässt sich jedoch selten mit Bestimmtheit sagen, ob eine Geschichte wahr ist oder nicht. Also nehmen wir den Erzähler beim Wort. Ob seine Geschichte nun gut oder schlecht, echt oder erfunden ist – staunen wir über seinen Mut! Darum können wir ihn beneiden, und wir bewundern ihn für seinen Ehrgeiz, noch kühner, unverfrorener, besser oder gar »böser« zu sein als all seine Rivalen. Lest die folgenden Geschichten – vielleicht färbt der Abenteurergeist ja ein bisschen auf euch ab?

Richard Platt

Entdeckungen, Eroberungen und Raubzüge

»Unmöglich!« Abenteurer schreckt dieses Wort nicht ab, es ermuntert sie geradezu. Mit einer Armee über hohe Gebirgskämme zu marschieren, galt als »unmöglich«, Hannibal versuchte es dennoch. Und er nahm sogar seine Kriegselefanten mit. Für »unmöglich« hielt man es auch, von Europa nach Indien zu segeln, bis es dem portugiesischen Seefahrer Vasco da Gama gelang. Die folgenden Geschichten stellen legendäre Abenteurer vor, die zu Reisen ins Ungewisse aufgebrochen sind, berühmte Entdecker, die die Neue Welt erkundet haben, aber auch Furcht erregende Bösewichte, die mit ihren Schurkereien alle Welt schockierten und zugleich beeindruckten.

Blackbeard, der Pirat, *versetzte seine Opfer – und die eigene Mannschaft – in Angst und Schrecken.*

Hannibal überquert die Alpen

Was zuvor geschah ...
Die Karthager hatten den ersten Krieg gegen die Römer verloren (264–241 v. Chr.). Römische Schiffe sicherten nun die italienische Küste. Darum entschied sich der karthagische General Hannibal mit 40000 Mann und 37 Elefanten über die ungesicherte Nordgrenze nach Italien vorzudringen. Im Mai 218 v. Chr. marschierten Hannibal und sein Heer in Südspanien los.

Das ist vielleicht Hannibal.

DER MÄCHTIGE GENERAL
Als Sohn eines großen karthagischen Generals geboren, wurde Hannibal (247–183/181 v. Chr.) zu einem der berühmtesten Heerführer der antiken Welt. Er war erst 26 Jahre alt, als die karthagische Armee ihn zu ihrem Feldherrn wählte.

FAST HÄTTE DIE RHONE, der mächtige Strom, Hannibals Vorstoß gestoppt. Ein freundlicher Fährmann schiffte einige der Soldaten ans andere Ufer, der Rest paddelte in provisorischen Booten oder auf Flößen. Die Pferde schwammen einfach hinterher. Doch die Elefanten, Hannibals abschreckendste Waffe, weigerten sich, dem Wasser auch nur nahe zu kommen.

Da hatte Hannibal einen genialen Einfall.

»Baut riesige Flöße«, befahl er seinen Ingenieuren. »Bedeckt sie mit fest gestampfter Erde und macht sie am Ufer fest.«

Der Trick gelang. Die großen Tiere hielten die Flöße für trockenes Land und gingen bereitwillig an Bord. Doch als die Flöße dann ablegten, gerieten die Elefanten in Panik. Ein Floß kenterte, und die verschreckten Kolosse stürzten trompetend ins schmutzige Wasser. Zum Glück waren sie so findig wie ihr General und durchquerten den Fluss unter Wasser, wobei sie ihre Rüssel – man stelle sich das vor! – als Schnorchel nutzten.

Am anderen Flussufer ruhten die Truppen aus. Jetzt standen nur noch die Alpen zwischen ihnen und Italien. Allerdings brachten die Kundschafter schlechte Nachrichten. Ein riesiges römisches Heer lag vor Marseille, knapp vier Tagesmärsche weiter südlich. Die Zeit drängte. Im Morgengrauen setzten sich Hannibals Truppen Richtung Norden in Bewegung.

Scipio, der römische Feldherr, staunte über Hannibals Marschroute. Dass er nach Norden zog, konnte nur eines bedeuten: Er wollte die Alpen überqueren. Ein unmögliches Vorhaben! Die Armee würde 400 Kilometer zurücklegen und dann einen Gebirgskamm überwinden müssen. So etwas hatte bis dahin keine Armee gewagt, schon gar nicht mit Elefanten.

Scipio verließ Marseille mit dem ersten Schiff. Falls die Karthager die Alpenüberquerung tatsächlich überlebten, würde sie auf der italienischen Seite ein riesiges römisches Heer erwarten.

Als Scipio nach Italien segelte, stand Hannibal bereits vor den Ausläufern der Alpen. Er hatte schon im Sommer dort sein wollen, aber Kämpfe in Spanien hatten ihn aufgehalten. Nun quälten sich seine Soldaten zitternd und frierend im Herbst über die steilen Berghänge. Je höher sie kamen, desto größer wurde die tödliche Qual. Einmal gerieten die Karthager in einen Hinterhalt. Gallische Krieger, Verbündete der Römer, überfielen sie auf einem Gebirgspfad und ließen von hoch oben Felsbrocken auf sie herabstürzen.

Hannibals Truppen steckten in der Falle: Auf der einen Seite ragte eine steile Felswand auf, auf der anderen Seite

HANNIBALS ROUTE
Hannibal führte seine Truppen durch Spanien und dann über Südfrankreich nach Italien. Als der lange Krieg zu Ende war, kehrte er auf dem Seeweg nach Karthago zurück.

gähnte eine schwindelerregend tiefe Schlucht. Scheuende Pferde stießen im Gedränge so manchen Krieger über den Abhang in den sicheren Tod.

Doch Hannibals Leute kämpften so entschlossen, dass die Gallier schließlich aufgaben. Neun anstrengende Tage lang marschierten die Karthager weiter bergan, und endlich fand Hannibal einen Durchgang in der von Schnee und Eis bedeckten Bergkette.

Dort, auf der Schwelle nach Italien, wandte er sich an seine Soldaten. Hannibal zeigte in die Ferne und sagte: »Rom liegt dort. Nur noch eine Schlacht, vielleicht auch zwei, dann sind wir die Herren dieser Stadt.«

Seine Worte munterten die Männer auf, doch die Schwierigkeiten nahmen kein Ende. Tiefer Schnee erschwerte den Abstieg und verdeckte das Gras für die Tiere. Einmal versperrte ein riesiger Felsbrocken den Truppen den Weg. Während die hungrigen Elefanten ungeduldig mit den Füßen stampften, fachten Hannibals Ingenieure ein großes Feuer auf dem Stein an. Als er vor Hitze glühte, besprengte man ihn mit Essig. Er zersprang in tausend Stücke.

Truppen, Pferde und Elefanten marschierten bald in Italien ein. Hannibals »unmöglicher« Marsch hatte nur zwei Wochen gedauert.

WIE ES WEITERGING ...

Hannibal zahlte einen hohen Preis. Mehr als die Hälfte seiner Soldaten starb unterwegs. Die Elefanten überlebten zwar die Alpenüberquerung, gingen aber im kalten Winter Italiens zugrunde – bis auf einen. Auf dessen Rücken zog Hannibal weiter und besiegte in der Schlacht bei Cannae 216 v. Chr. das römische Heer. Nach 15 erfolglosen Jahren in Italien kehrte er 203 v. Chr. geschlagen nach Karthago zurück.

LEIF DER GLÜCKLICHE

Was zuvor geschah ...

Im 10. Jahrhundert n. Chr. geriet der Wikinger Bjarni Herolfsson auf der Fahrt nach Grönland in einen schweren Sturm und wurde weit nach Westen abgetrieben. Bevor er wieder heimwärts segelte, entdeckte er einige fremde Küsten. Er schipperte an ihnen entlang, ging aber nicht an Land. Nach Grönland zurückgekehrt, sorgten die spannenden Geschichten über seine Abenteuer für großes Aufsehen. Jeder wollte nach Westen segeln und neue Länder erforschen.

HELD DER WIKINGER
Leif Eriksson lebte vor langer Zeit (980–1024 n. Chr.), wir wissen nur noch wenig über ihn. Vermutlich kam er in Grönland zur Welt. Um das Jahr 1000 n. Chr. segelte er nach Norwegen, wo er den christlichen Glauben annahm. Dem König von Norwegen versprach er, nach der Rückkehr in seinem Heimatdorf das Christentum zu verbreiten. Leifs Vater, Erich der Rote, stammte aus Island und hatte die Besiedelung Grönlands durch die Wikinger angeführt.

LEIF ERIKSSON SCHLUG mit seiner schweren Faust auf den Tisch. »Vater! Du musst uns führen! Wir werden neues Land entdecken. Ich habe Bjarnis Schiff gekauft und eine Mannschaft angeheuert. Morgen stechen wir in See!«, rief er. »Ich kann nicht, Leif! Ich bin zu alt«, klagte Erich der Rote. »Du musst diese Fahrt selbst anführen.« Leif zögerte. Nicht etwa wegen der Reise, denn die Strapazen auf See fürchtete er nicht. Was ihm Angst machte, waren die unbekannten Gefahren, die in der neuen Welt jenseits des Sonnenuntergangs lauerten. Schließlich siegte jedoch seine Neugier, und schon bald durchschnitt sein schlankes Drachenschiff die Wellen des Atlantiks.

Zunächst segelte er an Grönlands Küste nordwärts, dann drehte er in westlicher Richtung bei und entfernte sich vom Festland. Es gab weder Seekarte noch Kompass. Die Wikinger orientierten sich an Sonne und Sternen, am Wind und an den Meeresströmungen.

Die Fahrt war mühselig. Zwar trieben die eisigen Polarwinde sie schnell voran, aber sie durchdrangen auch die Kleidung der Mannschaft. Die Kälte ging durch Mark und Bein.

Gewaltige Wellen zerrten am schlanken Rumpf des Knorr (Frachtschiff). Unaufhörlich drang das Wasser ein. Tag und Nacht mussten die Männer es ausschöpfen.

Schon nach zwei Tagen entdeckte der Ausguck im Krähennest einen schneebedeckten Küstenstreifen. Leif stand wie erstarrt am Bug; sein roter Bart wehte im Wind.

Mit seinem quadratischen Wollsegel trieb Leifs Drachenschiff schnell durch die eiskalten Wellen.

Leif und seine Männer bauten Hütten, um sich während des Winters zu schützen.

»Da ist ein Land aus Felsen und Eis!«, rief er.

Sie gingen an Land. Leif hatte Recht: Riesige Gletscher hatten den fruchtbaren Boden abgetragen und den Felsboden glatt geschliffen. Hier würde nicht einmal der fleißigste Wikinger Ackerbau betreiben können. Doch Leif lachte nur: »Immerhin konnten wir hier an Land gehen. Wir taufen diesen Ort ›Plattsteinland‹ und segeln weiter.« Sie mussten nicht weit fahren. Schon bald erschien ein bewaldeter Küstenstreifen am Horizont. Sie konnten an einem weißen Strand anlanden. Als die Männer nach einem Erkundungsgang zum Schiff zurückruderten, beschloss Leif: »Dieser Ort soll ›Waldland‹ heißen.«

Mit frischem Mut segelten sie weiter und fanden am übernächsten Tag, wonach sie gesucht hatten. Aus Dunstschleiern erhob sich eine wunderschöne Küste mit sanft geschwungenen, bewaldeten Hügeln. Leif wusste: Dies war das Land, das Bjarni beschrieben hatte. Die Männer erforschten die Gegend, entdeckten saftiges Weideland und mächtige Bäume. In den kristallklaren Flüssen sprangen die Lachse. Verglichen mit dem tristen, baumlosen Grönland war dies ein Paradies. In ihrer Begeisterung bauten die Männer Hütten aus Holz und Torf. Sie beschlossen, über Winter zu bleiben.

Eines Tages kehrte Leifs Freund Tyrkir aufgeregt von einem Jagdausflug zurück. »Ich habe Weinreben entdeckt!« Er hatte zwar eine andere Beerensorte gefunden, doch die Wikinger jubelten über den Reichtum des neu entdeckten Landes.

Im Frühling beluden sie das Schiff und segelten Richtung Grönland zurück.

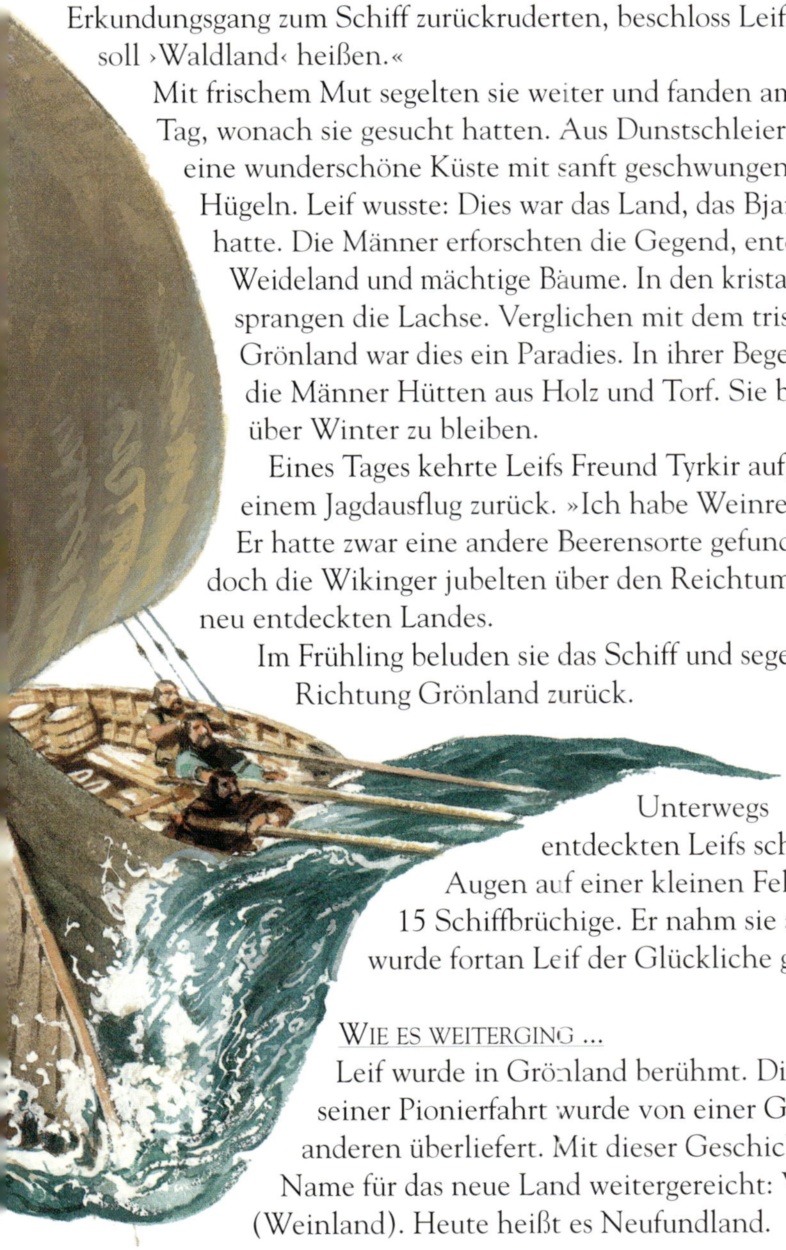

Unterwegs entdeckten Leifs scharfe Augen auf einer kleinen Felsinsel 15 Schiffbrüchige. Er nahm sie an Bord und wurde fortan Leif der Glückliche genannt.

Wie es weiterging ...

Leif wurde in Grönland berühmt. Die Geschichte seiner Pionierfahrt wurde von einer Generation zur anderen überliefert. Mit dieser Geschichte wurde Leifs Name für das neue Land weitergereicht: Vinland (Weinland). Heute heißt es Neufundland.

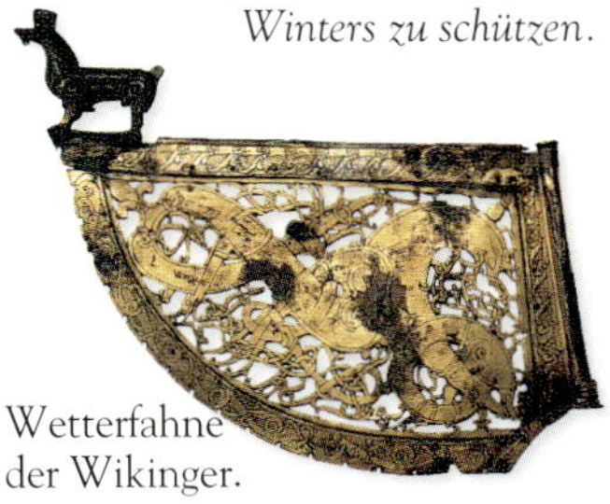

Wetterfahne der Wikinger.

Die Ära der Wikinger

Vor 1100 Jahren besiedelten die Wikinger weite Teile Skandinaviens. Da sie sich auf Schiffsbau und Seefahrt verstanden, gelangten sie zu großem Wohlstand. Sie waren als Piraten so erfolgreich wie als Entdecker.

Erichs des Roten Route
Leif Erikssons Route

Von Insel zu Insel

Wagemutige und wissbegierige Wikinger legten weit über 3700 Kilometer von ihrer skandinavischen Heimat nach Amerika zurück. Dabei segelten sie von Insel zu Insel über den Nordatlantik. Leif und sein Vater entfernten sich wie alle Wikinger nie weiter als 185 Kilometer vom Land.

AM HOF DES KUBLAI KHAN

Was zuvor geschah ...
Marco Polo war 17 Jahre alt, als er im italienischen Venedig aufbrach. Er hoffte, exotische Reichtümer und Handelsgüter zu finden. Man schrieb das Jahr 1271, und er reiste mit seinem Vater Niccolò und dem Onkel Maffeo. Sie durchquerten mit einer Karawane (einer Gruppe von Händlern, die zur Sicherheit gemeinsam reisten) die glühend heiße Wüste Lut nahe der Mündung des Persischen Golfs im heutigen Iran.

DIE HÄNDLER ZOGEN MÜDE WEITER. Nachts ruhten sie in den Dörfern aus, die in der Ebene verstreut waren. Selbst die kleinste Ortschaft war zum Schutz vor den Banditen, die das Land in Angst und Schrecken versetzten, mit einer hohen Mauer aus Lehmziegeln umgeben.

Als die Karawane an diesem Morgen aufbrach, entdeckte Marco etwas Ungewöhnliches: eine lang gezogene, tief hängende Wolke am Horizont. Sie hatte die schmutzig braune Farbe der Steppe. Einer der Kameltreiber schrie, dass ein Sandsturm heranziehe, und deckte Mund und Nase mit einem Halstuch ab. Doch von dem Augenblick an spürten die Reisenden, dass etwas nicht stimmte.

Die Wolke wurde größer. Sie erstreckte sich bald so weit das Auge reichte. Was auch immer da den Staub aufwirbelte, kam rasch näher. Bald war ein dumpfes Grollen zu hören. Am Horizont blitzten Lichter auf. Plötzlich ertönte um Marco herum das Wort »Karaunas!«, das Schimpfwort für die gefürchteten Banditen.

Einen Moment lang waren die Angreifer deutlich zu sehen. Sie boten ein erschreckendes Bild, wie sie da in einer scheinbar endlos langen Reihe ritten. Plötzlich wurde es rings um die Reisenden stockfinster. Die Abergläubischen schrien: »Das ist Zauberei! Die Banditen haben es Nacht werden lassen, damit sie uns ungesehen abschlachten können!«

Während die Staubwolke den Himmel verfinsterte, schlitzten scharfe Säbel die Leinwandtaschen der Händler auf. Die Räuber rissen alles Wertvolle an sich. Ein paar besonders tapfere Männer versuchten vergeblich sich zu wehren. Von allen Seiten stürmten weitere Banditen herbei.

Marco hörte seinen Vater rufen: »Marco! Maffeo! Mir nach, schnell!« Marco gab seinem Pferd die Sporen und ritt, so schnell er konnte. Dicht

EIN FORSCHUNGSREISENDER ERZÄHLT SEINE GESCHICHTE
Marco Polo (1254–1324) war einer der berühmtesten Entdecker. Lange bevor es zwischen den Völkern Europas und Chinas zu regelmäßigen Kontakten kam, reiste er bis an den Hof des chinesischen Kaisers Kublai Khan. Viele Venezianer glaubten Marco nicht. Die Fülle der geschilderten Details macht seine Geschichten aber durchaus glaubwürdig. Wir wissen nicht, ob Marco Polo je so weit gekommen ist.

dahinter nahmen die Banditen die Verfolgung auf. Mit Mühe und Not erreichten die drei eine Stadt. Kaum waren sie durchs Tor geritten, wurde es hinter ihnen zugesperrt. Sie waren den Räubern entkommen.

Dieser entsetzliche Überfall blieb nicht Marcos einziges Unglück. Er wurde so krank, dass er ein Jahr ausruhen musste, ehe er wieder reisen durfte. Insgesamt dauerte seine Reise nach China fast vier Jahre. Endlich gelangten die Polos an die riesigen Mauern, die den fürstlichen Hof von Kublai Khan umgaben. 3000 Furcht einflößende Wachen gingen an den sechs Toren auf und ab. Hinter den Mauern bot ein schattiger Garten Schutz vor der Sonne. Aus funkelnden Brunnen floss kühles Wasser, und exotische Tiere streiften frei umher. In der Mitte des Gartens standen zwei prächtige Paläste. Der eine war aus Marmor gebaut und mit bunter Wandmalerei verziert. Der andere bestand aus Bambus und war vollständig vergoldet. Hier wurde Marco dem Herrscher über die halbe Welt vorgestellt.

Die Polos warfen sich Kublai Khan zu Füßen. Nach dieser traditionellen Begrüßung hieß sie der Große Khan herzlich willkommen. »Ihr müßt hungrig sein«, sagte er und bat sie zu einem üppigen Mahl.

»Das ist noch gar nichts«, flüsterte Maffeo seinem Neffen Marco zu. »Seinen Geburtstag feiert der Große Khan immer mit 40000 Gästen. Er kleidet sich dann in purem Gold.«

Auf der Rundreise durch China warteten weitere Überraschungen. Handel und Technologie waren viel weiter entwickelt als in Europa. Die Chinesen heizten ihre Wohnungen mit einem schwarzen, brennbaren Gestein, und statt Münzen benutzten sie bedrucktes Papier als Zahlungsmittel! Als die Polos schließlich nach Venedig zurückkehrten, waren sie nicht weniger als 23 Jahre auf Reisen gewesen. Ihre Familie erkannte sie zunächst nicht wieder und zweifelte an ihren abenteuerlichen Geschichten. Da rissen die drei zum Beweis das Futter ihrer Mäntel auf, und es purzelte ein Vermögen an Edelsteinen daraus hervor.

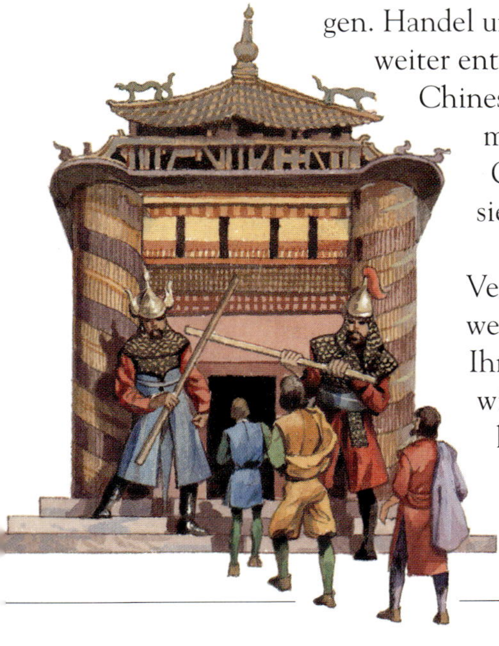

MARCO POLOS REISEN
Marcos Reise nach China führte ihn durch Israel und Syrien, die Türkei, den Iran, Afghanistan und Indien. Dann folgte er der Seidenstraße, einer alten Handelsroute. Er reiste auch innerhalb Chinas umher. Seine Beschreibungen sind aber so ungenau, dass man nicht genau weiß, welche Wege er genommen hat.

Der Große Khan reiste immer mit viel Pomp.

DER KAISER VON CHINA
Kublai Khan (1215–1294) war der Enkel Dschingis Khans. Kublai erbte ein mächtiges Reich. Er war zwar wegen seiner Brutalität gefürchtet, als Förderer der schönen Künste aber auch geschätzt. Weil er etwas über das Leben der Europäer erfahren wollte, nahm er Vater und Söhne Polo gastfreundlich auf.

DER FROMME WANDERER

Was zuvor geschah ...

Nach dem Studium der islamischen Rechte, der Literatur und der Religion beschloss Ibn Battúta Marokko zu verlassen und eine Pilgerreise nach Mekka anzutreten. Eine solche Reise an den Geburtsort des Propheten Mohammed war und ist die Pflicht jedes gläubigen Mohammedaners; nur Arme und Kranke sind davon entbunden. 1325 brach Ibn Battúta in Tanger auf. In Tripolis heiratete er. Bevor er Ägypten verließ, hatte er seine Absicht verkündet, »die ganze Erde zu bereisen«.

EIN WANDERNDER HEILIGER
Muhammad Ibn Abdullah Ibn Battúta (1304–1368/9) kam im marokkanischen Tanger zur Welt. Er war 28 Jahre lang auf Reisen und besuchte alle muslimischen Länder Afrikas und Asiens. Als er nach Marokko zurückkehrte, diktierte er einem Schreiber seine zahllosen Abenteuer. So entstand ein spannendes Buch, das uns einen lebendigen Eindruck des mittelalterlichen Lebens vermittelt.

IBN BATTUTA LAG AUF EINEM DACH unter dem Sternenhimmel Ägyptens. Er träumte, er flöge auf dem Rücken eines großen Vogels. Als er erwachte, beschloss er, sein Leben auf der Wanderschaft zu verbringen, und gelobte, ein und dieselbe Wegstrecke nie mehr als einmal zu beschreiten.

Zunächst zog Ibn Battúta mit einer Gruppe von Pilgern gen Süden nach Mekka, wo er an den wichtigen religiösen Ritualen teilnahm.

Ibn Battúta verließ Mekka mit einer Karawane.

Zwei Reiter führten den Angriff an.

Ibn Battúta wurde von einem Pfeil getroffen, aber zu seiner Erleichterung verletzte er ihn kaum.

Als Ibn Battúta seine heiligen Pflichten erfüllt hatte, verließ er Mekka – auch diesmal in Begleitung vieler anderer Pilger. Sie mussten eine Wüste durchqueren. Um der sengenden Tageshitze zu entgehen, machten sie sich erst nach Sonnenuntergang auf den Weg. Sie zündeten Fackeln an, die sie von Hand zu Hand weiterreichten, damit sie im Dunkeln nicht vom Wege abkamen.

Von seiner Reiselust getrieben, erforschte Ibn Battúta zunächst die Länder des Nahen Ostens. Nach einem Jahr kehrte er zum Studium nach Mekka zurück.

Ibn Battútas Weg 1325–26
Ibn Battútas Weg 1326–27
Ibn Battútas Weg 1332–34

Vier Jahre später ging er wieder auf die Wanderschaft. Inzwischen war er ein bedeutender moslemischer Gelehrter. Er hatte gehört, dass der Sultan Muhammad Ibn Tughluq aus dem indischen Delhi moslemischen Gelehrten gegenüber sehr großzügig sei. Wenn es Ibn Battúta gelänge, Indien zu erreichen und die Gunst des Sultans zu gewinnen, würde er ein frommes Leben ohne Not führen können.

1332 brach Ibn Battúta zu einer Reise nach Indien auf, die beinahe seine letzte gewesen wäre. Im indischen Pandschab wurden er und 21 Mitreisende von der Hauptgruppe getrennt. In den Sanddünen der sanft geschwungenen Landschaft hatten sich Banditen versteckt. Schon bald fielen 80 Männer

mit Schwertern, Pfeil und Bogen über die Reisenden her. Sie setzten sich tapfer zur Wehr, und es gelang ihnen schließlich, die Angreifer zurückzuschlagen. Sie töteten 13 von ihnen.

Als sich der Staub gelegt hatte, versorgten sie ihre Wunden. Ibn Battúta und sein Pferd waren von Pfeilen getroffen worden. Erst gegen Mitternacht erreichten die erschöpften Reisenden eine Festung. Am nächsten Morgen beleuchtete die aufgehende Sonne ein grässliches Bild: An den Mauern der Festung baumelten die Köpfe der 13 getöteten Banditen als Kampftrophäen.

UNGLAUBLICHE REISEN
Auf seiner ersten Reise (1325–34) zog Ibn Battúta über Nordafrika, Arabien, Persien (heute Iran) und das Tatarenland der »Goldenen Horde« (gehört heute zur Russischen Föderation) bis nach Indien. Auf anderen Reisen besuchte er die Malediven, Ceylon (Sri Lanka), Sumatra, China, Spanien, die Wüste Sahara und große Teile Westafrikas. Insgesamt legte er rund 100 000 Kilometer zurück.

PILGERFAHRT GEN MEKKA
Mekka in Saudi-Arabien ist die heiligste Stadt der islamischen Welt. Im Zentrum der großen Moschee von Mekka befindet sich die *Kaaba*, ein würfelförmiger Schrein. Er enthält einen heiligen Stein, der, wie man glaubt, vom Himmel geschickt wurde. Auf diesen Stein richten sich alle muslimischen Gebete.

EIN PRÄCHTIGER PALAST
Der Sultanspalast, den Ibn Battúta besuchte, ist längst zerfallen. Wahrscheinlich sah er so ähnlich aus wie die hier abgebildete Kutb-Moschee in Delhi.

» Wie kein anderer beliebt der Sultan Geschenke zu machen und Blut zu vergießen. «
IBN BATTUTA

Jeder Elefant des Sultans war so groß, dass er 20 Soldaten in die Schlacht tragen konnte.

Zwei Jahre brauchte Ibn Battúta, bis er Delhi erreichte. Bei seiner Ankunft im Palast lernte er erst einmal die grausame Seite des Sultans kennen. Zu beiden Seiten der Palastpforte saßen die Henker. Wenn der Sultan ein Todesurteil fällte – was oft der Fall war –, wurden sie aufgerufen, das Urteil unverzüglich zu vollstrecken und die Leiche des Hingerichteten vor das Tor zu werfen.

Für den Reisenden aus Marokko standen die Tore allerdings offen. Er ging an einer Reihe von Wachen und Bediensteten vorbei, deren Kleider reich mit Pfauenfedern geschmückt waren. Dann betrat er den Audienzsaal des Sultans. Ringsum an den Wänden standen 50 Elefanten, davor 60 Pferde. Vor den Pferden hatte sich ein Heer von Soldaten und vor diesen eine Schar von Würdenträgern und Dienern aufgestellt. Der Sultan thronte in der Mitte des Saales.

Bald bestätigte sich, was Ibn Battúta über den Sultan gehört hatte. Er war tatsächlich ein großzügiger Mann. Ibn Battúta wurde nicht enttäuscht. Der Sultan verlieh ihm den Titel Groß-Kadi (oberster Richter) von Delhi und gewährte ihm ein stattliches Gehalt, das ihm ein Leben in Luxus ermöglichte.

Doch Ibn Battúta fühlte sich in seinem Amt nie ganz sicher, denn der Sultan war ein wankelmütiger, launischer und ungestümer Mann. Als er einmal von Unbekannten beleidigt wurde, befahl er seinen Truppen, alle Bewohner Delhis aus der Stadt zu vertreiben.

Der fromme Ibn Battúta fastete und betete.

Die Muslime glauben, dass der Koran das Wort Gottes ist.

Schließlich fiel auch Ibn Battúta in Ungnade. Er wurde in den Palast gerufen, wo ihn vier Diener des Sultans streng bewachten. In seiner Todesangst suchte er Hilfe in der Religion. Er fastete (hungerte) und las den Koran.

Diese Frömmigkeit beeindruckte den Sultan. Er belohnte Ibn Battúta, indem er ihn als Botschafter nach China sandte.

Bei seiner Abreise aus Delhi im Frühjahr 1342 widerfuhr ihm Ähnliches wie bei seiner Ankunft acht Jahre zuvor. Nur drei Tagesreisen von der Stadt entfernt wurde er von Banditen überfallen. Er floh auf seinem Pferd, doch das Glück schien es diesmal weniger gut mit ihm zu meinen. Seine Gefährten stoben auseinander. Von 40 Banditen umzingelt, gab es für ihn bald kein Entrinnen mehr. Er warf sich zu Boden und ergab sich.

Der Sultan empfing seine Gäste in der Halle der Tausend Säulen.

Sogar die Elefanten verneigten sich vor dem Sultan.

Die Banditen raubten ihn aus und nahmen ihn gefangen. Ein paar schreckliche Stunden lang fürchtete Ibn Battúta um sein Leben. Doch dann erbarmte sich einer der Räuber und ließ ihn frei.

Ibn Battúta war zwar dem Tod entronnen, aber nun befand er sich allein in einem feindlichen Land. Als er eine Woche später endlich seine Freunde einholte, erkannten sie ihn kaum wieder. Er hatte sein Pferd und seine kostbaren Kleider verloren. Arme und Beine waren von Dornen zerkratzt. Die Freunde drängten ihn, seine Pläne aufzugeben und nach Delhi zurückzukehren. Doch Ibn Battúta blieb hartnäckig und reiste nach China.

Wie es weiterging ...

Ibn Battúta setzte seine Reisen viele Jahre lang fort. Zweimal erlitt er Schiffbruch, überlebte in Syrien eine Pestepidemie und widerstand heftigen Schneestürmen im Hohen Atlas. Als er mit 64 Jahren starb, hatte er umgerechnet dreimal die Erde umrundet.

Im Hohen Atlas Marokkos geriet Ibn Battúta in einen Schneesturm.

KOLUMBUS SEGELT GEN WESTEN

Was zuvor geschah ...

Christoph Kolumbus hatte über acht Jahre gebraucht, um das Geld für seine Erkundungsfahrt zusammenzubekommen. Im Juni 1492 reiste er in die kleine spanische Hafenstadt Palos, wo er drei Schiffe seeklar machte und eine Besatzung anheuerte. Sechs Wochen später wurden die letzten Vorräte an Bord verstaut.

DER PLAN
Christoph Kolumbus (1451–1506) stammte aus der norditalienischen Hafenstadt Genua. Schon in jungen Jahren fuhr er zur See. Im Jahre 1477 siedelte er nach Lissabon über. 1483 unterbreitete er dem portugiesischen König Johann II. seinen Plan, über den Atlantik nach Indien (Asien) zu segeln. Doch Portugals König wollte ihn nicht unterstützen. Darum wandte sich Kolumbus an den König und die Königin von Spanien, die ihm schließlich die Reise finanzierten.

»BEEILUNG, UND SCHAFFT DIE BALLEN hier an Bord der *Pinta*! Die *Niña* und die *Santa María* können schon auslaufen«, rief ein weißhaariger Mann mit italienischem Akzent.

»Dieser Admiral Kolumbus! Er bringt uns noch alle um«, sagte ein Leichtmatrose. »Will er doch tatsächlich Kurs nach Westen nehmen, um nach Osten zu kommen. Eine verrückte Idee! Wie hat er den König und die Königin bloß überreden können, ihm dafür Geld zu geben?«

»Das war nicht schwer«, meldete sich ein Leichtmatrose. »Ferdinand und Isabella glauben, dass er dort Gold findet, und sie wollen die Herrscher über alle neuen Länder werden, die Kolumbus entdeckt. Wie auch immer, unser Admiral ist der tüchtigste Seefahrer von ganz Spanien. Es wird schon gut gehen.«

In den acht Jahren, die Christoph Kolumbus gebraucht hatte, um das Geld für die Reise aufzubringen, hatte er ungezählte Einwände anhören müssen. Jetzt aber wartete er nur noch auf günstige Winde, um mit der Flut auszulaufen. Angeführt von Kolumbus auf der *Santa María*, stach die kleine Flotte mit drei Schiffen am Freitag, dem 3. August 1492, von der spanischen Küste aus in See. Kolumbus glaubte, dass er Indien (Asien) innerhalb von drei Wochen erreichen würde.

Die Santa María war ein Dreimaster mit so genannten Rahsegeln (quer gesetzte, quadratische Segel).

Auf den Kanarischen Inseln machte er Halt und nahm Proviant und Wasservorräte für einen Monat an Bord. Am 6. September segelte er gen Westen, in die unerforschten Weiten des Atlantiks.

Viele seiner Seeleute weinten, als sie die Küste hinter sich verschwinden sahen. Um ihnen Mut zu machen, ordnete Kolumbus nach wenigen Tagen an, dass nur noch bei Tage gesegelt werden durfte, damit sie nicht vor Indien auf Grund liefen.

Außerdem benutzte er einen einfachen Trick, den er in seinem Logbuch

(Schiffstagebuch) beschrieb: »Um ihnen die Furcht vor einer allzu langen Fahrt zu nehmen, verringerte ich die Anzahl der bereits zurückgelegten Seemeilen. Sie sollten nicht wissen, wie weit wir uns schon von Spanien entfernt hatten. Für mich selbst habe ich natürlich eine genaue Berechnung angestellt.«

Sie kamen rasch voran, erreichten aber nach zwei Wochen nicht, wie erhofft, Indien, sondern die Sargassosee. Die Wasseroberfläche war hier so dicht mit Tang bedeckt, dass die Schiffe nur sehr langsam vorankamen. Sogar die erfahrenen Seeleute bekamen es mit der Angst zu tun.

Am 24. September schrieb Kolumbus ins Logbuch: »Sie sagen, es sei Irrsinn, das eigene Leben für die Verrücktheiten eines Fremden zu riskieren.«

Zum Glück ertönte am nächsten Tag bei Sonnenuntergang ein Freudenschrei von Martín Pinzón, dem Kapitän der *Pinta*: »Land in Sicht!« Die Männer vergaßen alle Meutereiabsichten und kletterten in die Takelage. Von dort oben entdeckten auch sie endlich Land.

Kolumbus fiel auf die Knie und dankte Gott.

Wer als erster Land sah, wurde belohnt.

Nach über sieben Wochen auf hoher See machte sich unter der Besatzung Angst breit, weil bis dahin noch niemand so weit gesegelt war wie sie.

NEUE NAHRUNGSMITTEL
Kolumbus entdeckte in der Neuen Welt neue Nahrungsmittel. In den Ländern, die er besuchte, wuchsen Pflanzen und Früchte, die ganz anders als die europäischen waren. So lernte Kolumbus als erster Europäer Mais, Paprika (Spanischen Pfeffer) und Süßkartoffeln kennen. Von seiner zweiten Reise in die Neue Welt brachte er Ananas mit nach Hause. Diese exotischen Früchte wurden in Europa bald sehr beliebt.

Als es am nächsten Morgen dämmerte, schwanden alle Hoffnungen. Was sie für einen Küstenstreifen gehalten hatten, waren in Wahrheit Sturmwolken am Horizont.

Erst zwei Wochen später mehrten sich Anzeichen für die Nähe des Festlandes: Im Wasser trieb ein Stück Holz, das offensichtlich bearbeitet worden war, und es flog eine Schar von Landvögeln über ihre Köpfe hinweg.

Eines Nachts glaubte Kolumbus, in der Ferne Licht zu sehen. Später gestand er: »Ich brannte so sehr darauf, Land zu sehen, dass ich meinen eigenen Augen nicht traute.«

Doch er hatte richtig gesehen. Um zwei Uhr in der Frühe ertönte von der *Pinta* der Böllerschuss einer Kanone – das verabredete Zeichen dafür, dass der Ausguckposten Land gesichtet hatte.

Bei Sonnenaufgang entdeckten die Seeleute eine wunderschöne, bewaldete Insel. Die Lagune, die das Eiland umgab, bildete einen natürlichen Hafen, groß genug, »um allen Schiffen Europas Platz zu bieten«.

Kolumbus ließ sich in einem Beiboot an Land rudern. Die Kapitäne der *Pinta* und der *Niña* folgten. Am Strand rollten sie das königliche Banner aus und sprachen Dankgebete. Sie gaben der Insel den Namen San Salvador und unterstellten sie der Herrschaft Spaniens.

Kaum war dieser feierliche Akt vollzogen, da tauchten hinter den Bäumen einige neugierige Inselbewohner auf. Kolumbus beschrieb sie als groß gewachsene, schlanke Menschen mit geraden Beinen.

Doch er verlor den Zweck seiner Reise – neue Länder und Reichtümer zu erobern – nicht aus den Augen. Der König und die Königin Spaniens hatten ihm zugesichert, dass er von allem, was er an »Gold, Silber, Perlen, Edelsteinen und anderen Schätzen« fände, ein Zehntel behalten dürfte. Nach einem Besuch auf Kuba segelte er nach

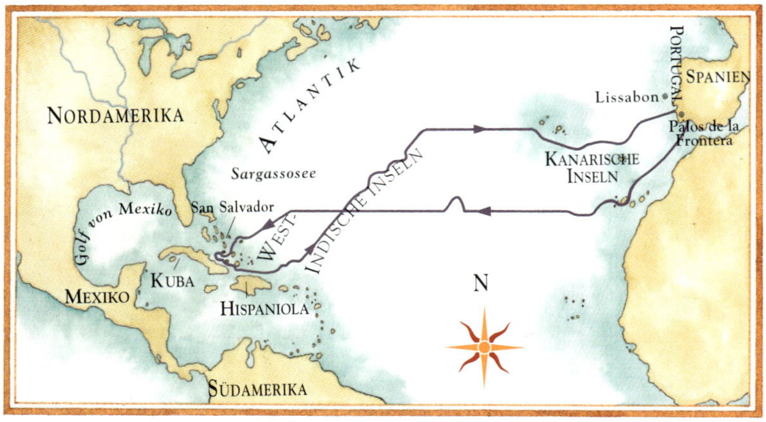

KOLUMBUS' REISEN UM DIE WELT
Auf der ersten seiner vier Reisen in die Neue Welt (siehe oben) gelangte er nicht bis aufs Festland. Er nannte die Inseln, auf denen er landete, Westindische Inseln, weil er glaubte, Indien erreicht zu haben. Er erforschte Jamaika, Kuba, Haiti und andere Inseln. 1498 führte ihn seine dritte Fahrt nach Panama.

Osten und nannte die nächste Insel Hispaniola (heute Haiti und die Dominikanische Republik). Dort ging die *Santa María* zu Bruch. Kolumbus ließ fast 40 Männer auf der Insel zurück, um eine Kolonie zu gründen.

Am 16. Oktober setzten die *Pinta* und die *Niña* Segel und brachen nach Spanien auf. Nach einem Monat auf hoher See gerieten sie in einen gewaltigen Sturm. Riesige Wellen rollten über die Schiffe hinweg, und die Seeleute waren auf das Schlimmste gefasst. Auch Kolumbus fürchtete, dass er ertrinken und die Welt nie von seinen Entdeckungen erfahren würde. Er schrieb eine

Schilderung seiner Reise auf Pergament nieder, verschloss den Bericht in einem Fässchen und warf es ins Wasser.

Diese Vorsichtsmaßnahme erwies sich jedoch als unnötig. Die *Pinta* und die *Niña* überstanden die Reise, und Kolumbus kehrte als Held nach Spanien zurück.

GOLDDUBLONE
Auf den spanischen Münzen, Dublonen genannt, waren die Köpfe des Königs und der Königin abgebildet. Das entdeckte Neuland stellte Kolumbus unter ihre Herrschaft, fand aber nirgends das erhoffte Gold.

WIE ES WEITERGING …

Kolumbus unternahm noch drei weitere Reisen in die Karibik, die er nach wie vor für die Ostküste Asiens hielt. Das spanische Königshaus zweifelte aber mittlerweile an seinen Leistungen und verweigerte ihm die Belohnung, die er für die Entdeckung der Westroute nach Indien und China erwartet hatte. Um 1500 hatten viele andere Abenteurer die Küste Amerikas, der so genannten Neuen Welt, erreicht, und Christoph Kolumbus' Ruhm verblasste.

DAS KAP DER GUTEN HOFFNUNG

Was zuvor geschah ...

Am 8. Juli 1497 stach Vasco da Gama von Portugal aus mit vier Schiffen in See. Sein Ziel war Indien, wo er im Namen des Königs von Portugal ein Handelsabkommen vereinbaren sollte. Den von ihm gewählten Seeweg nach Indien – um die Südspitze Afrikas (das Kap der Guten Hoffnung) herum – hatte vor ihm noch niemand befahren. Nach vier Monaten erreichte die erschöpfte Mannschaft den äußersten Süden Afrikas. Die Seeleute hatten 7240 Kilometer zurückgelegt.

DAS SCHIFF LAG SCHON RUND EINE WOCHE in der Bucht von Sankt Helena vor Anker, als Vasco da Gama an Land ging, um mit den dort lebenden Khoi-Khoin (Hottentotten) Handel zu treiben. Er hoffte auf Gold, Perlen und Gewürze. Zu seiner Enttäuschung bot man ihm aber nur Wedel aus Fuchsschwänzen und Schmuckstücke aus Muschelschalen an. Als er und seine Leute zum Schiff zurückkehrten, blieb einer der Seemänner zurück.

»Ich bin hier noch nicht fertig«, erklärte Fernão Velloso. »Ich will wissen, wie diese Leute leben und was sie essen. Holt mich später mit dem Ruderboot ab.«

Fernão nahm an einem köstlichen Festmahl teil. Als aber alle mit dem Essen fertig waren, zeigten die Afrikaner in Richtung Schiff und gaben deutlich zu verstehen, dass Fernão gehen möge. Doch er folgte den Afrikanern, als sie den Strand verließen, und kümmerte sich nicht um ihre Proteste.

An Bord des Schiffes lehnte sich unterdessen Vasco da Gama nach einem üppigen Mahl in seinem Sessel

Seine Taktlosigkeit kostete Fernão fast das Leben.

Nach der Rettung ruderten die Seeleute Fernão schnell zum Schiff zurück, welches in tieferem Wasser vor Anker lag.

zurück. »Herrlich, dieser Hummer!«, schwärmte er. Plötzlich hörte er vom Strand her Rufe. Als er aufblickte, sah er Fernão aufgeregt mit den Armen fuchteln. Hinter ihm versammelte sich eine feindselige Menge Eingeborener. Einige Männer liefen schon den Hügel hinunter auf Fernão zu. Nur wenige Minuten später ruderten einige der Seeleute schnell auf das Ufer zu. Fernão rannte am Strand entlang, verfolgt von wütenden Afrikanern. Das Rettungsboot war gerade rechtzeitig zur Stelle. Schon hoben die Einheimischen ihre Speere. Fernão stürzte sich in die Brandung und hechtete kopfüber ins Boot. Als die Seeleute davonruderten, prasselten Speere und Steine auf sie nieder.

Da Gama warf alle Karten und Instrumente, die für die Navigation nötig waren, über Bord.

Bald waren die vier Schiffe wieder auf hoher See. An der Südspitze Afrikas erwarteten die Seeleute dann aber noch sehr viel größere Gefahren. Orkanartige Böen zerrten an Segeln und Masten. Wind und Wellen brachten die Schiffe immer mehr von ihrem östlichen Kurs ab.

So heftig wütete der Sturm, dass manche der verängstigten Matrosen auf Vasco da Gamas Schiff zur Umkehr drängten. Der Kapitän rief die Besatzung zusammen.

»Ich habe genauso viel Angst vor dem Ertrinken wie jeder von euch«, versicherte er. »Aber ich habe dem König versprochen, nach Indien zu segeln. Wenn wir umkehren, müssen wir alle ein Dokument unterzeichnen, in dem wir den Grund für die Rückreise erklären«. Daraufhin bat er den Bootsmann, den Steuermann und die drei erfahrensten Matrosen zu sich in seine Kabine, um das Dokument zu unterzeichnen. Aber kaum war die Tür ins Schloss gefallen, nahm Vasco da Gama die fünf Männer gefangen und führte sie dann in Ketten vor die Mannschaft. Er nahm dem Steuermann Seekarten und Navigationsinstrumente ab und warf sie ins Meer.

»Seht her!«, rief er. »Wir brauchen gar keinen Steuermann, denn Gott allein leitet uns. Ab sofort will ich nichts mehr von Umkehr hören.«

Sie umrundeten das Kap und segelten parallel zur Ostküste Afrikas in nördlicher Richtung.

ABENTEURER DER MEERE
Der Seefahrer Vasco da Gama (vermutlich 1460–1524) kam in Portugal zur Welt. Er wurde 1492 Offizier zur See. Seine zweite Indienreise machte er 1502; im Jahr darauf nahm er seinen Abschied von der Marine. Nach seiner Ernennung zum Vizekönig im Jahr 1524 fuhr er ein letztes Mal nach Indien, um dort die Verwaltung der portugiesischen Kolonien zu leiten. Allerdings starb er noch im selben Jahr.

DIE NAVIGATION
Den frühen Entdeckern standen nur wenige Geräte zur Verfügung, mit denen sie sich auf dem Meer orientierten. Vasco da Gama hatte ein Stundenglas (siehe oben) und einen Kompass mit einer eisernen Magnetnadel, die Norden und Süden anzeigte. Außerdem orientierten sich die Seeleute an den Sternen.

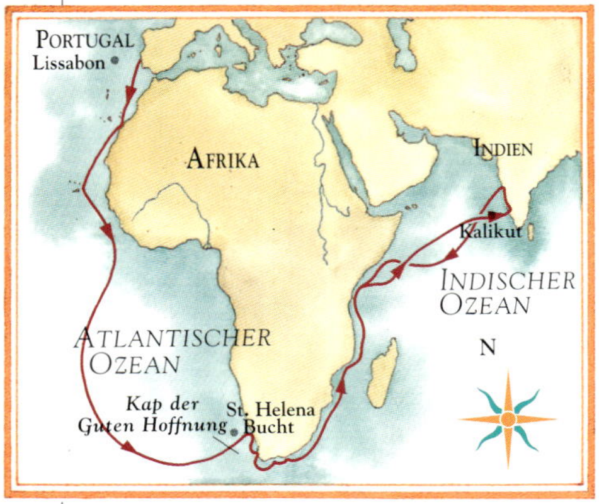

Nachdem sie ihr seeuntüchtig gewordenes Versorgungsschiff ausgeräumt und abgetakelt hatten, nahmen da Gama und seine Mannschaft auf den restlichen drei Schiffen Kurs auf Kalikut, die bedeutendste Hafenstadt in Südindien. Ihre Ankunft sorgte für großes Aufsehen. Vasco da Gama machte sich mit 13 Offizieren auf den Weg, um dem Zamorin, dem Herrscher über die Stadt, einen Besuch abzustatten. Soldaten bahnten ihnen einen Weg, während Musikanten auf Sackpfeifen und Trommeln spielten.

Die Portugiesen rechneten mit einem feierlichen Empfang im Palast; stattdessen ließ man sie lange warten. Als es Abend wurde, war ihre Geduld am Ende. Mit gezückten Dolchen überwältigten sie die Wachen und drangen gewaltsam in die Gemächer des Zamorin vor. Dieser lehnte behaglich in einem grünen Samtsofa unter einem goldenen Baldachin. Er trug ein überaus kostbares, mit Goldfäden besticktes Seidengewand.

Die portugiesischen Offiziere zückten Dolche und Schwerter.

Trotz ihres gewaltsamen Eindringens hieß der Zamorin die Portugiesen willkommen. Doch als ihm Vasco da Gama ein Handelsabkommen mit Portugal vorschlug, wechselte er schnell das Thema. Der Besuch war beendet, und da Gama und seine Offiziere kehrten in ihre Quartiere zurück.

Am nächsten Tag prüften sie ihre Mitbringsel – Ballen gestreiften Tuchs, Hüte, sechs Handwaschschalen, Korallenketten, Zucker, Speiseöl und Honig. Den reichen Zamorin würden sie damit wohl kaum beeindrucken können.

Ums Horn nach Indien

Ein anderer portugiesischer Entdecker namens Bartolomëu Días hatte schon 1488 das Kap umschifft, doch Vasco da Gama war der Erste, der von dort aus über den Seeweg nach Indien vordrang. Da Gama nutzte die kräftigen Winde und steuerte im weiten Bogen um das Kap herum. Segelschiffe benutzen diese Route noch heute.

Gewürze

Vasco da Gama brachte eine Schiffsladung Gewürze mit. Bis dahin war Venedig der einzige Umschlagplatz für exotische Gewürze in Europa gewesen. Sie kamen über Ägypten aus Indien und waren sehr teuer. Vasco da Gamas Fracht machte die ehemals seltenen Gewürze für jedermann erschwinglich.

»Der Spucknapf des Zamorin ist größer als diese Schalen und dazu noch aus massivem Gold«, seufzte da Gama.

Als die Abgesandten des Zamorin die Geschenke sahen, kicherten sie. Um sich über die peinliche Situation hinwegzuretten, tischte da Gama ihnen eine Lüge auf: »Dies sind meine recht bescheidenen persönlichen Geschenke«, sagte er. »Wenn aber der Zamorin das Handelsabkommen unterzeichnet, wird König Manuel von Portugal ihm kostbarere Geschenke senden.«

»Wenn Euer König uns beschenken will, dann nur mit Gold«, sagten die Gesandten und zogen grußlos ab. Drei Monate später verließ Vasco da Gama Indien. Die Heimreise war nicht weniger beschwerlich. Diesmal gerieten sie nicht in einen Sturm, sondern in eine lang andauernde Flaute. An Bord erkrankten viele Männer an einer seltsamen neuen Krankheit namens Skorbut.

Als sie in den Hafen von Lissabon einliefen, jubelten da Gama und seine Männer, doch ihre Freude war von Trauer überschattet, denn viele Männer aus der Mannschaft, darunter auch Vasco da Gamas Bruder, waren am Skorbut gestorben. Man bereitete den blassen, erschöpften Überlebenden einen triumphalen Empfang. Als die Anker gesetzt wurden, böllerten Salutschüsse. König Manuel begrüßte Vasco da Gama persönlich und belohnte ihn mit einer großzügigen Pension und Ländereien. Vasco da Gamas abenteuerliche Reise eröffnete Portugal ein neues Zeitalter des Handels und der Entdeckungen. Sein Land wurde zur Weltmacht.

Der Zamorin war der Hindufürst über Kalikut und Umgebung.

Im Auftrag König Manuels von Portugal sollte Vasco da Gama mit dem Zamorin von Kalikut verhandeln.

Vasco da Gama hoffte, Handelsbeziehungen zu den indischen Kaufleuten aufzubauen.

HEILMITTEL
Skorbut lässt das Zahnfleisch weich werden und verursacht Blutungen unter der Haut. Unbehandelt führt er oft zum Tod. Dabei gibt es ein einfaches Heilmittel: Vitamin C aus frischen Früchten.

Vasco kehrte mit drei von vier Schiffen zurück. 115 Seeleute starben unterwegs.

DAS GOLD VON MEXIKO

Was zuvor geschah ...

Im ersten Vierteljahrhundert nach den Entdeckungen des Kolumbus' kolonisierten spanische Siedler die größten Inseln der Karibik. Gegen 1519 machten Geschichten von den sagenhaften Goldschätzen auf dem amerikanischen Kontinent die Runde. Der Gouverneur von Kuba ernannte Cortés zum Leiter einer Expedition, die das Festland erkunden und Handelsstützpunkte errichten sollte. Doch Cortés wollte Gold.

DER EHRGEIZIGE ENTDECKER
Schon als Schuljunge hatte sich Hernán Cortés (1485–1547) als besonders stolz, rücksichtslos, streitsüchtig und verschlagen hervorgetan und seinen adeligen Eltern oft großen Kummer bereitet. Als Jugendlicher begeisterte er sich zunehmend für die Länder, die Kolumbus entdeckt hatte (siehe S. 20–23). Bereits mit 19 Jahren segelte er zu den Westindischen Inseln.

IM FEBRUAR 1519 brach Cortés mit 540 Soldaten und rund 100 Seeleuten von Kuba auf. Knapp zwei Monate später gingen die elf Schiffe seiner Flotte vor der Südküste des Golfs von Campeche vor Anker. Doch die Einheimischen, von den Spaniern Indianer genannt, waren entschlossen, die Fremden an der Landung zu hindern. Tausende von schwer bewaffneten Kriegern in voller Kampfausrüstung und mit strahlend buntem Federschmuck säumten das Ufer. Ein Kampf war nicht zu vermeiden. Die Spanier legten sich einen genauen Plan zurecht. Am nächsten Tag kämpften sie sich den Weg ans Ufer frei und besetzten die Stadt. Aber das war nur ein kleines Scharmützel im Vergleich zu dem, was später folgen sollte.

Als die Spanier landeinwärts marschierten, trafen sie auf ein gewaltiges Heer. Jedem einzelnen Spanier standen hundert indianische Krieger gegenüber.

Markerschütterndes Kriegsschrei und Hörnerschall signalisierten den Beginn der Schlacht. Lanzen, Pfeile und Schläge mit Holzknüppeln hagelten auf die Spanier nieder. Die wehrten sich mit Musketen und Schwertern. Doch furchtlos stürmten die Gegner voran, auf eine

Angriffswelle folgte die nächste. Es schien, als würde das kleine spanische Heer niedergemetzelt. Cortés verfügte jedoch über eine Geheimwaffe. Er hatte rund ein Dutzend Pferde mitgebracht und schickte nun seine Kavallerie aufs Schlachtfeld. Pferde hatten die Indianer nie zuvor zu Gesicht bekommen. Sie glaubten, dass Reiter und Pferd ein einziges fantastisches Untier seien und nahmen entsetzt Reißaus. Die geschlagenen Indianer brachten Cortés später unglaublich wertvolle Friedensgeschenke. »Woher habt ihr all das Gold und die vielen Edelsteine?«, wollte Cortés wissen. »Aus dem Land, wo die Sonne untergeht«, bekam er zur Antwort. »Aus Mexiko.« Obwohl die Spanier von Mexiko noch nie etwas gehört hatten, machten sie sich auf den Weg nach Westen, der untergehenden Sonne entgegen. Sie gingen dort vor Anker. Die Nachricht von ihrer Ankunft verbreitete sich schnell. Es dauerte nicht lange, bis eine Abordnung der über das Land regierenden Azteken das Lager am Strand aufsuchte. Auch sie brachte erstaunliche Geschenke: eine goldene Sonne, so groß wie ein Wagenrad, und einen mit Goldstaub gefüllten Helm. Die Abgesandten baten die Spanier, ihre Hauptstadt Tenochtitlán zu verschonen. Doch die reichen Geschenke reizten Cortés zu sehr. Er beschloss, dem Aztekenkönig Moctezuma, einen Besuch abzustatten. Der 650 Kilometer lange Marsch nach Tenochtitlán führte über drei Gebirgszüge. Bei Tlaxcala überfielen Einheimische die Spanier aus einem Hinterhalt. Die Soldaten schlugen die Tlaxcalteken mit ihren Feuerwaffen zurück, und am Ende schloss Cortés Frieden mit ihnen. Er hatte nämlich herausgefunden, dass sie die aztekischen Fürsten, die über sie herrschten, aus ganzer Seele verachteten. Spanier und Tlaxcalteken verbündeten sich und marschierten gemeinsam weiter. Nach acht entbehrungsreichen Wochen erreichte Cortés endlich Tenochtitlán. Die prächtige Hauptstadt lag auf einer Insel im See Texcoco, umgeben von rauchenden Vulkanen.

Auf dem Damm, der die Stadt mit dem Seeufer verband, wurde Cortés von Moctezuma persönlich begrüßt. Die beiden tauschten Geschenke aus. Dann zogen die Spanier in die funkelnde, märchenhafte Stadt ein.

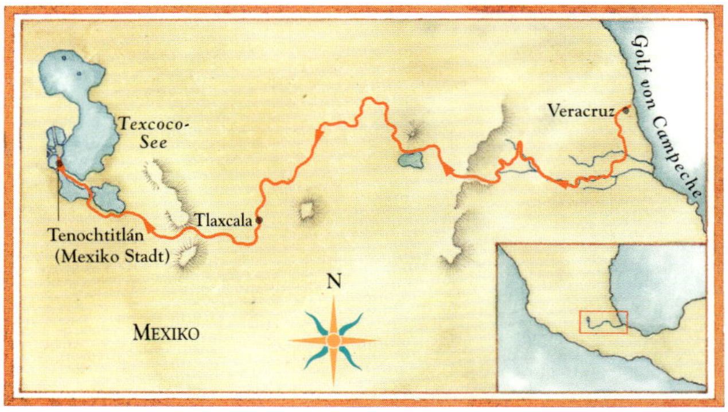

NACH TENOCHTITLAN
Cortés und seine Soldaten marschierten durch halb Mexiko, um in die aztekische Hauptstadt Tenochtitlán zu gelangen. Im August 1519 begann ihr Marsch. Unterwegs stiegen drei von Cortés' Hauptmännern auf einen Vulkan, von dessen Gipfel aus sie als erste die Stadt erblickten.

» Ich begebe mich auf eine große, schöne Reise, von der man noch sehr lange sprechen wird. «

HERNAN CORTES

Acht Monate vergingen. Schließlich erwies sich die Stadt als eine Falle. Cortés beschloss zu fliehen und packte alle Satteltaschen und Gepäckstücke voll Gold, doch es blieb ein großer Berg übrig. Sollten sie darauf etwa verzichten? Wenn sie aber versuchten alles mitzunehmen, würden sie nur langsam vorankommen und böten ein leichtes Ziel für ihre Verfolger, die Azteken.

»Ich werde euch innerhalb kurzer Zeit zu reichen Männern machen.«

HERNAN CORTES

Cortés dachte noch einmal an die Zeit zurück, die er und seine Leute in der Stadt verbracht hatten. Zuerst waren sie wie Könige behandelt worden – nein, sogar wie Götter! Tatsächlich hatten die Azteken geglaubt, dass er der Gott Quetzalcoatl sei. Cortés betrachtete das Gold und dachte daran, wie er mit seinen Männern die Wände der Schatzkammer eingerissen und das fantastische Aztekengold zum ersten Mal zu Gesicht bekommen hatte. Doch von da an war alles schief gelaufen. Hätte der Hitzkopf Alvarado doch bloß nicht den Kopf verloren und die aztekischen Anführer getötet! Dann wäre er, Cortés, womöglich jetzt schon der König von Mexiko. Stattdessen steckten sie nun in dem belagerten Palast wie die Ratten in der Falle.

Cortés stand auf und rief seine Männer zu sich. »Mit diesem Gold kann ich nichts anfangen. Mehr lässt sich nicht verstauen. Nehmt davon, so viel ihr wollt«, sagte er. Gierig stopften die Soldaten die schweren Barren in ihre Taschen. Mit Hilfe der verbündeten Tlaxcalteken öffneten sie sodann die Palasttore und schlichen hinaus, so leise sie konnten. Cortés ritt auf seinem Pferd voran. Dessen Hufe waren mit Lumpen umwickelt, damit sie keinen Lärm machten.

Es schien, als sei die Hauptstadt in dieser Nacht unbewacht. Ungehindert eilten die Flüchtigen über leere Plätze und durch stille Straßen zum Damm. Bald gelangten sie an den Wassergraben, von dem die Azteken die Zugbrücke weggenommen hatten. »Schafft unseren Steg her«, zischte Cortés. Seine Zimmerleute hatten eine Behelfsbrücke gebaut, die

QUETZALCOATL-MASKE
Aztekische Kunsthandwerker schufen wunderschöne Dinge, und zwar nicht nur aus dem Gold, das die Spanier so sehr begehrten. Sie verarbeiteten auch andere Materialien wie Federn, Ton, Holz und Türkise. Winzige Teile dieses leuchtend blauen Halbedelsteins bedecken diese Maske, die den Aztekengott Quetzalcoatl darstellt. Nur wenige aztekische Kunstobjekte aus Gold sind erhalten geblieben.

sie über den Graben legen konnten. Alle gelangten sicher auf die andere Seite. Plötzlich drang ein schriller Pfiff durch die Stille. Für einen Moment öffnete sich die Wolkendecke und der Vollmond beleuchtete die Szene. Entsetzt sahen die Spanier, dass um sie herum Dutzende von Kanus mit Aztekenkriegern auf dem Texcoco-See lauerten. Sie waren in einen Hinterhalt geraten!

Schon surrten Pfeile und Wurfspeere durch die Luft. Krieger in bunter Rüstung aus Baumwolle und Federn blockierten die Behelfsbrücke, die bald nicht mehr gebraucht wurde, da sich der Graben mit toten Pferde- und Menschenleibern füllte. Viele Spanier fielen ihrer Habgier zum Opfer. Sie waren so schwer mit Gold beladen, dass sie weder kämpfen noch fliehen konnten. Wer ins Wasser stürzte, versank wie ein Stein.

Cortés und die wenigen glücklichen Offiziere konnten sich mit ihren Schwertern verteidigen und Reißaus nehmen. Sie versteckten sich in einem Heiligtum der Azteken und ruhten aus. Dort zog Cortés Bilanz, was ihn der beschämende Rückzug gekostet hatte: Einige seiner besten Soldaten waren gefallen, und die anderen waren zum Teil schwer verwundet. Die meisten Pferde waren verloren, ebenso die Waffen und sogar der größte Teil des Goldes.

Doch Cortés war ein willensstarker Mann. Man hatte ihn zwar aus der Hauptstadt vertrieben, aber beileibe nicht geschlagen. Ein Jahr später kehrte er zurück und nahm Tenochtitlán ein.

FEDERSCHMUCK
Für die Bewohner von Tenochtitlán waren die grün schillernden Schwanzfedern des Vogels Quetzal sehr wertvoll. Dieser Kopfschmuck ist dem des aztekischen Königs Moctezuma nachgebildet. Cortés schickte das Original nach Spanien.

Heimlich und leise bereiteten die Azteken einen Überraschungsangriff vor.

Eine Tollkühne Flucht

Was zuvor geschah ...
Um 1540 war es für Benvenuto Cellini in Italien ungemütlich geworden. Er hatte zahlreiche Feinde und musste von einem Stadtstaat zum anderen fliehen, um der Polizei oder den Freunden derer auszuweichen, die er im Zweikampf verletzt hatte. Mächtige Gönner boten ihm zwar Schutz, doch als einer seiner Widersacher ihn verleumdete, verlor er auch noch die Gunst des Papstes. Also beschloss er, seine Sachen zu packen und in Frankreich ein neues Leben zu beginnen.

DER FLÜCHTLING
Der italienische Goldschmied und Bildhauer Benvenuto Cellini (1500–1571) war in seiner Heimatstadt Florenz berühmt für seine großartige Kunst, aber auch berüchtigt für seine aufbrausende Art und abenteuerliche Lebensführung. Für Könige und Päpste schuf er ebenso prächtige wie kostbare Meisterwerke. Doch was die Zeit am längsten überdauert hat, ist seine Lebensgeschichte, die er selbst niederschrieb.

Cellini blieb nicht lange in Frankreich. Kurz nach seiner Ankunft wurde er schwer krank. Er fürchtete, fern von der Heimat sterben zu müssen, und beschloss nach Italien zurückzukehren.

In Rom ging es ihm wieder besser. Seine Goldschmiede florierte. Doch schon bald handelte er sich durch sein aufbrausendes Temperament erneut Ärger ein. Er geriet mit Girolamo, seinem Lehrling, in Streit. Aus Rache bezichtigte dieser den Meister, bei einem Überfall auf Rom elf Jahre zuvor die Juwelen des Papstes gestohlen zu haben. Für Cellinis Feinde war diese falsche Anschuldigung ein willkommener Vorwand, ihn verhaften und in das Castel Sant' Angelo (Engelsburg), die Gefangenenfestung Roms, werfen zu lassen. Diese Ungerechtigkeit verdross Cellini zutiefst. Zwar standen ihm Material und Werkzeuge zur Verfügung, aber es fiel ihm schwer, hinter Gittern zu arbeiten. Von seinen Wächtern unbemerkt, plante er seine Flucht.

Er zerriss sein Laken zu langen Streifen und knüpfte daraus ein Seil. Mit einer Zange, die er dem Burgtischler entwendet hatte, zog er nach und nach die Nägel aus der Zellentür. Dank seiner Fähigkeiten als Bildhauer gelang es ihm, die Spuren vor den Wachen zu verbergen. Aus dem Wachs, das ihm für seine Goldschmiedearbeiten gebracht worden war, formte er perfekte Nachbildungen der Nagelköpfe und steckte diese in die Löcher der Tür. Die Wachen schöpften keinen Verdacht. Nacht für Nacht bearbeitete Cellini die Zellentür. Tagsüber hielt er Zange und Seil in der Strohmatratze versteckt.

Endlich hielt er den geeigneten Zeitpunkt zur Flucht für gekommen. Er zog die letzten Nägel aus der schweren Tür, die sich nun leicht öffnen ließ. Dann schlich er durch die stillen Gänge der Festung zur Waschstube unmittelbar unter dem

Turmdach, nahm ein paar Dachziegel heraus, kletterte nach draußen und seilte sich ab. Die Flucht war geglückt!

Cellini schaute sich um. Wo genau in Rom befand er sich nur? Die Straße war ihm fremd. Als er ein Pferd hinter sich verschlafen schnaufen hörte, wurde ihm schlagartig klar, warum er sich an diesem Ort nicht auskannte: Er war nicht auf der Straße, sondern im Stall der Festung gelandet.

Er saß also immer noch in der Falle. Was sollte er nun tun? Cellini dachte nach und ging dabei auf und ab. Plötzlich stolperte er über einen langen Holzpfosten. Ihm kam eine Idee. Der Pfosten war enorm schwer, doch sein verzweifelter Wunsch nach Freiheit verlieh ihm Kraft. Er schaffte es, den Pfahl aufzurichten und als Leiter zu benutzen. Er kletterte auf den oberen Rand der Brustwehr. Dort befestigte er den Rest seines Seiles an den Zinnen und ließ sich daran hinab. Das Seilende war bald erreicht. Trotzdem hing er mit den Beinen immer noch frei in der Luft. Er schaute nach oben, war aber zu erschöpft, um auf die Brustwehr zurückzuklettern. Dann blickte er nach unten in die Schwärze der Nacht.

Er holte tief Luft und ließ sich fallen. Der Sturz schien kein Ende nehmen zu wollen. Schließlich prallte er mit dem Kopf auf hartem Pflaster auf und verlor die Besinnung. Der Morgen graute bereits, als Cellini aus der Ohnmacht erwachte. Er hatte sich ein Bein gebrochen. Doch irgendwie gelang es ihm, sich zum Stadttor zu schleppen und darunter hinweg in die Stadt zu kriechen. Endlich war er wirklich frei.

WIE ES WEITERGING ...

Cellinis Freiheit war nur von kurzer Dauer. Bei Sonnenaufgang entdeckten die Gefängniswärter das aus dem Fenster hängende Laken und schlugen Alarm. Man warf Cellini wieder ins Gefängnis, wo er noch mehrere Monate lang in der Zelle schmachten musste.

Cellinis Salznapf.

OPFER DER MODE
Cellinis Arbeiten waren bald unmodern und wurden eingeschmolzen.

In Piratenhand

Was zuvor geschah ...
In der Seeschlacht von Lepanto siegte 1571 die venezianisch-spanische Flotte über die muslimischen Türken. Infolge einer Verwundung büßte der spanische Soldat Cervantes den Gebrauch seiner linken Hand ein. 1575 segelte Cervantes nach Spanien zurück, wo er hoffte, mit Hilfe eines Empfehlungsschreibens des Prinzen Don Juan de Austria eine Anstellung zu finden. Stattdessen geriet er jedoch in große Schwierigkeiten, als Piraten das Schiff kaperten, auf dem er fuhr.

Soldat und Autor
Der berühmteste aller spanischen Schriftsteller Miguel de Cervantes (1547–1616) entstammte einer armen, aber adligen Familie. Bevor er Schriftsteller wurde, führte er ein abenteuerliches Lebens als Soldat in der spanischen Infanterie. Einmal wurde er von Piraten fünf Jahre lang festgehalten. Später schrieb er in zwei Theaterstücken und in seinem Meisterwerk *Don Quijote* über diese Erlebnisse.

Die siegreichen Freibeuter trieben die Gefangenen an Bord einer muslimischen Galeere. Schließlich kam auch Cervantes an die Reihe. »Der hier ist nichts wert«, knurrte der Piratenkapitän. »In Algier hat niemand Verwendung für einen Sklaven mit nur einer brauchbaren Hand. Er kann ja nicht einmal rudern.«

Als er aber die Briefe in Cervantes' Gepäck gelesen hatte, rief der Kapitän: »Der Bursche ist mehr als er vorgibt. Wenn er mit einem Empfehlungsschreiben von Don Juan herumläuft, zahlt seine Familie bestimmt ein ordentliches Lösegeld.«

So wurde Cervantes nach Algier verschleppt, weil man ihn fälschlicherweise für vermögend hielt. Dort warf man ihn in eins der drei Stadtgefängnisse, wo nachts die christlichen Sklaven eingesperrt wurden. Tagsüber mussten sie schwerste Arbeiten leisten. Die reichsten unter ihnen wurden bald von ihren Familien freigekauft. Weil Cervantes verwundet war, konnte er nicht arbeiten und wurde darum in einer Zelle angekettet.

Nach einiger Zeit nahm man ihm die Ketten ab, und er durfte frei in der Stadt umherlaufen. Eines Tages floh er, verirrte sich aber schon bald in der brennend heißen Wildnis Nordafrikas. Nach Algier zurückgekehrt, wurde er wieder in Ketten gelegt. Nur weil man sich Lösegeld für ihn versprach, überlebte Cervantes diese schwere Zeit.

Kaum gefasst, sann der Gefangene wieder auf Flucht. Er sorgte dafür, dass sein Bruder ein Schiff aus Spanien sandte, das nachts an einem entlegenen Strand anlegen und Cervantes zusammen mit 14 Mitgefangenen in die Freiheit bringen sollte.

DON QUIJOTE
Der Roman, der Cervantes berühmt machte, handelt von einem alten spanischen Edelmann, der von Rittergeschichten begeistert ist. Auf seiner klapprigen Mähre Rosinante reitet er los, um das Unrecht in der Welt zu bekämpfen. Seine Fantasie verleitet ihn zu lächerlichen Irrtümern. So kämpft er gegen Windmühlen, weil er sie für Riesen hält.

Bis zum Tag der Rettung brauchten die anderen flüchtigen Sklaven ein Versteck. Zum Glück erfuhr Cervantes von einer geheimen Höhle an der Küste. Von dort führte ein Tunnel in einen Garten, wo der Einstieg in die Höhle von Gestrüpp überwuchert war. Es dauerte nicht lange und die 14 Flüchtlinge verschwanden im Inneren.

Mehrere Monate später war es endlich so weit. Es schien eine Ewigkeit zu dauern, ehe es Nacht wurde. Endlich erspähte der Wachposten am Strand ein Boot. Doch noch bevor er seine Leute rufen konnte, schlugen einige einheimische Fischer Alarm. »Ein Boot!«, brüllten sie. »Christen!«

Der Wachposten floh, und die Seeleute im Rettungsboot machten hastig kehrt. Die Flüchtlinge in ihrem Höhlenversteck ahnten nichts von dem Drama, das sich draußen abspielte. In der folgenden Nacht warteten sie immer noch auf ihre Rettung.

Bei Sonnenaufgang des übernächsten Tages wurden all ihre Hoffnungen endgültig zunichte gemacht.

Algerische Soldaten suchten das Versteck der Sklaven.

Bewaffnete Soldaten stürmten die Höhle. Cervantes trat mutig vor die Gefährten und ergab sich. »Keiner dieser Christen hier trägt Schuld!«, rief er, um Gnade bittend. »Ich allein habe sie zur Flucht überredet.« Sie fesselten Cervantes an Händen und Füßen und brachten ihn zurück ins Gefängnis.

Zwei weitere Male versuchte Cervantes zu fliehen, aber vergeblich. Erst als seine Familie genug Geld zusammen hatte, um ihn auszulösen, kam er endlich frei.

» Ich hatte tausend Fluchtpläne … «

DON QUIJOTE IN CERVANTES' ROMAN

DIE DREISTE REBELLIN

Was zuvor geschah ...
Im London des 17. Jahrhunderts war es für eine unverheiratete Frau nicht leicht, ihren Lebensunterhalt zu verdienen. Moll »arbeitete« als Wahrsagerin und Diebin. Ihre Freunde hatten sie schließlich satt. Als Moll 23 Jahre alt war, planten sie heimlich ein neues Leben für sie – weitab von London. Sie machten sie betrunken und lockten sie an Bord eines Schiffes, das auf der Themse vor Anker lag.

EINE EIGENSINNIGE FRAU Moll (Mary) Frith (1584–1659) war die Tochter eines Londoner Schuhmachers. Sie war schon als Kind ein rebellischer Wildfang. Als junge Frau kleidete sie sich wie ein Mann, rauchte Pfeife und trug ein Schwert. Das damalige London ist mit der heutigen Stadt kaum zu vergleichen. Auf den Straßen trieben sich viele Betrüger und Taschendiebe herum. Moll gesellte sich dazu und wurde ihre Anführerin in einem gefährlichen Leben.

ALS SIE ERWACHTE, WUSSTE MOLL NICHT, WO SIE WAR. Ein Mann, der wie ein Schiffsoffizier gekleidet war, sprach sie an. »Was hast du denn für Gepäck mit an Bord gebracht, Kleine?«, fragte er.

Schlagartig wurde ihr klar, dass sie sich auf einem Schiff befand, das im Begriff war auszulaufen. Irgendjemand hatte sie als Arbeitskraft nach Amerika verschachert. Moll waren Gerüchte zu Ohren gekommen, wonach die amerikanischen Siedler so große Not litten, dass sie sich gegenseitig aufaßen, um überleben zu können (was natürlich nicht stimmte). Im günstigsten Fall stünde ihr ein Leben wie das einer Sklavin bevor.

Moll war außer sich vor Wut, konnte aber nur wenig

ausrichten. Als sie zu fliehen versuchte, sperrte man sie in dem feuchten, finsteren und stinkenden Schiffsbauch ein.

Als der Kapitän an Bord kam, flehte Moll um ihre Freiheit. Sie versuchte es mit Drohungen, Schmeicheleien, Versprechungen und Tränen. Schließlich ließ sich der Kapitän erweichen. Moll wurde an Land gerudert, musste allerdings vorher einen Seemann mit ihrem gesamten Geld bestechen.

Da ihre »Freunde« sie verraten und dafür gesorgt hatten, dass sie auf dem Schiff gelandet war, schloss sich Moll nun einer anderen Diebesbande an. Um aufgenommen

Moll Cutpurse stieß ins Horn.

zu werden, musste sie eine Prüfung ablegen. Ihre neuen Freunde untersuchten ihre Hände, um sicher zu gehen, dass sie nicht – wie bei überführten Dieben damals üblich – gebrandmarkt waren (mit einem heißen Eisen verbrannt).

Molls Hände waren unversehrt, und die Taschendiebe stellten fest, dass ihre langen Finger gut in die Taschen reicher Männer zu langen vermochten. Weil sie besonders geschickt darin war, Geldbeutel abzuschneiden, die den Besitzern am Gürtel hingen, erhielt sie den Spitznamen »Moll Cutpurse« (Beutelschneiderin). Bald war Moll in ganz London bekannt – nicht nur wegen ihrer Diebereien. Sie pfiff auf die guten Sitten und trug Männerkleider. Das galt im England des 17. Jahrhunderts als ganz und gar empörend. Einmal wurde Moll dafür bestraft. Doch Gesetze zu brechen war für sie ein Abenteuer. Einmal wettete ein Freund

mit ihr, dass sie es nicht wagte, in Männerkleidern durch die Stadt zu reiten. Moll war das noch nicht gefährlich genug. Sie ließ auch noch ein Banner in der Luft flattern und stieß in ein Horn. Zuerst klappte alles bestens, doch dann wurde sie erkannt. »Moll Cutpurse zu Pferde!«, schrie jemand. Bald umringte sie eine aufgebrachte Menge und rief: »Runter vom Pferd, du schamlose Dirne, oder wir helfen nach!« Moll spornte das Pferd an, aber der wütende Haufen ließ nicht von ihr ab. Die Menge schrie, fluchte und zerrte an ihren Kleidern.

Doch in dem Moment, wo die Leute sie packen und in den Dreck werfen wollten, kam ein Hochzeitszug vorüber. Moll war mit einem Schlag vergessen. Alles wandte sich von ihr ab, um die Braut zu bewundern. Moll nutzte diese Chance und preschte auf ihrem Pferd davon. Sie floh in den Nordteil der Stadt und hielt sich bis zum Abend versteckt. Dann setzte sie ihren Ritt fort und gewann die Wette.

BEUTELSCHNEIDER
Auch als es schon Taschen in Kleidungsstücken gab, trugen viele Leute ihr Geld noch außen in Beuteln – eine leichte Beute für Diebe.

DER SCHMUCKE WEGELAGERER

Was zuvor geschah …
Im 17. Jahrhundert war das Reisen gefährlich, denn auf einsamen Landstraßen lauerten häufig bewaffnete Straßenräuber. Duval war ein Wegelagerer der besonderen Art. Obgleich er wegen seiner dreisten Überfälle der meistgesuchte Verbrecher Englands war, verehrten ihn viele Frauen wegen seiner Eleganz und seinen feinen Manieren. Für seine Ergreifung hatte der König eine Belohnung von 20 Pfund ausgesetzt. Das entsprach einem durchschnittlichen Jahresverdienst.

EIN ELEGANTER BANDIT Claude Duval (1643–1670) kam in der französischen Normandie zur Welt. Im Alter von 14 Jahren arbeitete er als Pferdeknecht für verschiedene englische Edelmänner. 1660 kehrte sein Herr nach England zurück und nahm Claude als seinen Diener mit sich. Doch ein solches Leben gefiel dem jungen Franzosen nicht. Deshalb fand er ein neues Betätigungsfeld – als Wegelagerer.

HOLPERND ROLLTE DIE PFERDEKUTSCHE auf der ausgefahrenen Straße durch eine weite Heidelandschaft. Dies war der gefährlichste Teil der Reise. Alle drei Passagiere erschauderten, als sie an einem Galgen vorbeikamen. An dem Holzgestell verrotteten die Leichen hingerichteter Wegelagerer als Warnung für andere. Wer geschnappt wurde, durfte nicht auf Gnade hoffen. Der gut gekleidete Gentleman im Innern der Kutsche lächelte seiner Frau aufmunternd zu.

»Sei unbesorgt, meine Liebe«, sagte er. »In zwei Stunden sind wir in London, und wir haben seit Beginn unserer Reise keinen Straßenräuber gesehen. Jetzt wird auch keiner mehr kommen.«

Er hatte den letzten Satz kaum zu Ende gesprochen, als hinter der Kutsche Pferdegetrappel ertönte. Fünf maskierte Reiter sprengten herbei und bedrohten den erschrockenen Kutscher mit Pistolen. Die Dame in der Kutsche aber war entschlossen, sich nicht einschüchtern zu lassen. Sie holte eine kleine Flöte aus ihrer Handtasche und spielte eine muntere Tanzmelodie.

Aus dem Solo wurde bald ein Duett. Als der Anführer der Räuberbande an den Verschlag der

Kutsche heranritt, spielte auch er auf einer Flöte. Die drei Fahrgäste trauten ihren Augen kaum. Sie hatten erwartet, einen verdreckten Vagabunden vor sich zu sehen, stattdessen erschien vor ihnen ein vornehm gekleideter Mann auf edlem Pferd.

Er sprach den verängstigten Herrn in der Kutsche freundlich mit starkem französischen Akzent an: »Sir, Eure Dame flötet vorzüglich, und ich bin überzeugt, dass sie ebenso gut zu tanzen versteht. Erlaubt Ihr, dass sie mir hier auf der Heide die Ehre eines Tanzes erweist?«

»Das ist Duval!«, wisperte die Dienstmagd.

Verblüfft erklärte sich der Gentleman einverstanden. Seine Frau stieg aus der Kutsche und tanzte mit dem schmucken Räuber eine Courante (einen Gesellschaftstanz jener Zeit). Trotz seiner schweren Reitstiefel bewegte sich der Wegelagerer so leichtfüßig wie der beste Tanzmeister Londons. Am Ende führte er seine Partnerin galant zur Kutsche zurück.

Er wandte sich wieder dem Gentleman zu und sagte: »Sir, Ihr habt vergessen, für die Musik zu bezahlen.«

Der Gentleman beeilte sich zu antworten: »Nein, das habe ich nicht.« Er holte 100 Pfund Sterling unter dem Sitz hervor. Claude Duval wog den Beutel in der Hand. »Sir, Ihr seid sehr großzügig«, sagte er. »Ich will Euch die restlichen 300 Pfund erlassen.« Er gab seinem Pferd die Sporen und verschwand, gefolgt von seinen Kumpanen, in einer Staubwolke.

Der beraubte Gentleman fragte sich, woher der höfliche Bandit so genau wissen konnte, wie viel Geld er bei sich hatte. Seine Frau war vor lauter Erregung über den Tanz mit Duval noch sichtlich erhitzt. Die Dienstmagd fächelte sich voller Erleichterung über den glimpflichen Ausgang des Überfalls Luft zu.

Vorfälle wie dieser machten Claude Duval berühmt. Bald ahmten andere ihn nach. Sie kleideten sich ebenso elegant wie er und übernahmen seine höflichen Manieren. Daraufhin machte man Duval für jeden galanten Raub in der Umgebung verantwortlich. Schließlich wurde er im Jahre 1669 dingfest gemacht. Vornehme aristokratische Damen besuchten ihn im Gefängnis, doch keine konnte seine Freilassung bewirken. Als er zur Hinrichtung geführt wurde, gaben ihm seine Verehrerinnen das Geleit, verbargen dabei aber ihre Gesichter hinter Masken.

Der Galgenharnisch wurde jedem Verurteilten angepasst.

GALGENHARNISCH
Im 17. Jahrhundert war der Anblick hingerichteter Banditen für Reisende nicht ungewöhnlich. Sie hingen an Galgen, die zum Beispiel an Straßenkreuzungen aufgestellt waren. Ein eiserner Käfig verhinderte, dass der verwesende Leichnam auseinander fiel oder von Angehörigen entwendet und begraben wurde.

Der Wegelagerer trug feine Kleider und war höflich.

Der wahre Robinson Crusoe

Was zuvor geschah ...

Alexander Selkirk heuerte 1703 auf einem Freibeuterschiff (Kaperschiff der Regierung) an. Vor der Westküste Südamerikas geriet Selkirk mit dem Kapitän in einen Streit und verlangte, auf der Inselgruppe Juan Fernández ausgesetzt zu werden. In letzter Minute besann er sich eines anderen, doch der Kapitän wollte den streitsüchtigen Offizier nicht mehr an Bord haben. Selkirk musste allein auf der Insel zurückbleiben.

AUSGESETZT
Alexander Selkirk (1676–1721) war der Sohn eines schottischen Sattlers. Im Alter von 19 Jahren führte er einen Aufstand an und fuhr daraufhin zur See, um der Bestrafung zu entgehen. Nach seiner schweren Prüfung auf der Pazifikinsel kehrte »Sandy« Selkirk nach Schottland zurück, fuhr aber später als britischer Marineoffizier wieder zur See. Er starb an der Pest, die an Bord seines Schiffes wütete.

SELKIRK SCHAUTE DEM DAVONSEGELNDEN SCHIFF NACH, bis auch der höchste Mast in der Ferne verschwunden war. Für die Schönheit und üppige Pracht der Insel Juan Fernández hatte der Ausgestoßene keinen Blick. Es überkam ihn bittere Einsamkeit.

Erst der Hunger brachte ihn auf andere Gedanken. Er lud seine Muskete und machte sich auf die Suche nach etwas Essbarem. Längst abgewanderte Siedler hatten Ziegen und anderes Vieh auf dem Eiland zurückgelassen. An diesem Abend grillte Selkirk ein zartes Zicklein am Spieß über einem Feuer aus Treibholz. Die großen Blätter eines Baumes aß er als Gemüsebeilage. Danach schlief er ein.

Mitten in der Nacht erwachte er aus seinen Träumen. An seinem Schuh knabberte eine große braune Ratte. Mit einem Satz war er auf den Beinen und sah, dass es ringsum von Ratten nur so wimmelte. In dieser Nacht machte Selkirk kein Auge mehr zu.

Bis zum Morgengrauen hatte er einen Plan, wie er die Ratten loswerden und gleichzeitig seine Einsamkeit erträglicher machen konnte. Mit ein paar schmackhaften Stücken Ziegenfleisch lockte er einige der vielen Inselkatzen in sein Lager. Bald wachten an die hundert über seinen Schlaf. Er erfreute sich an ihrer Gesellschaft und sang ihnen etwas vor.

Monate und Jahre vergingen. Selkirks Kleider waren von Dornen zerrissen, die Schuhe zerfielen in Stücke. Als er kein Schießpulver mehr hatte, fiel er mit bloßen Händen über die Ziegen her.

Einmal wäre er bei einer solchen Jagd fast zu Tode gekommen. Er hatte eine Ziege an den Rand

einer Klippe getrieben. Als er vorsprang, um sie zu packen, stürzten sie gemeinsam in eine Schlucht!

Er wäre vermutlich gestorben, hätte die Ziege seinen Aufprall nicht abgefedert. Doch sie war tot.

Andere Gefahren drohten von der See. Täglich suchte er den Horizont ab – und nicht bloß, weil er auf Rettung hoffte. Er fürchtete, dass Spanier aufkreuzen und ihn töten oder versklaven würden. Wenn spanische Schiffe in der Bucht vor Anker gingen, versteckte sich Selkirk. Als er sich einmal nicht mehr rechtzeitig in Sicherheit bringen konnte, pfiffen ihm Gewehrkugeln um die Ohren. Nur seine Wendigkeit rettete ihm das Leben. Er kletterte auf einen Baum und kauerte reglos zwischen den Ästen, bis die spanischen Soldaten das Interesse an ihm verloren hatten.

Nach mehr als vier Jahren auf der Insel sah Selkirk endlich, worauf er so sehnsüchtig gewartet hatte – die Masten zweier englischer Segelschiffe.

Er entzündete ein Feuer und beobachtete, wie ein Ruderboot aufs Ufer zusteuerte. Doch zu seinem großen Entsetzen machte es plötzlich kehrt. Verzweifelt schürte er das Feuer, bis die Flammen hoch aufloderten. Das Boot aber verschwand in der Abenddämmerung. Die Seeleute hatten Selkirks Feuer gesehen, es aber irrtümlich als spanisches, also feindliches Signal missverstanden. Als er zwei Tage später dann doch gerettet wurde, bot der »König von Juan Fernández« einen sonderbaren Anblick: Mit seinem Bart und den Kleidern aus Ziegenfell sah er »wie ein wilder Geißbock« aus.

ISLA ROBINSON CRUSOE
Die Insel vor der Küste Chiles, auf der Selkirk ausgesetzt war, heißt heute Isla Robinson Crusoe. Denn was er dort erlebte, regte wenige Jahre später den englischen Schriftsteller Daniel Defoe zu dem Roman *Robinson Crusoe* an. Darin verarbeitete er auch die Erfahrungen anderer Ausgestoßener. Das Buch erschien 1719 und wird auch heute noch gern gelesen.

» Es hat mich auf eine furchtbar einsame Insel verschlagen … «

ROBINSON CRUSOE IN DANIEL DEFOES ROMAN

BLACKBEARD, DER PIRAT

Was zuvor geschah ...

In der Karibik waren Freibeuter im 17. Jahrhundert willkommen, da sie gestohlene Schiffsladungen zu Billigpreisen feilboten. Zu Anfang des 18. Jahrhunderts jedoch griffen einzelne Piratenbanden zu immer brutaleren Mitteln. Piratenkapitäne wie der gefürchtete Blackbeard machten die Karibik und die amerikanische Ostküste unsicher, plünderten Schiffe aus und terrorisierten deren Besatzungen.

VON WEITEM SAH DIE *Queen Anne's Revenge* (Königin Annes Rache) aus wie jede andere Handelskogge. Erst als sie näher kam, konnten die Seemänner an Bord des Schoners, der nach Boston wollte, die schwarze Fahne am Masttopp erkennen. Darauf war ein scheußliches Emblem abgebildet – ein Skelett und ein blutendes rotes Herz. Ein Piratenschiff! Der Piratenkapitän brüllte Drohungen und Flüche vom Deck herunter. Er sah zum Fürchten aus: Pechschwarzes Haar fiel bis über die Schultern auf seinen purpurroten Rock. In dem quer über die Brust geschnallten Ledergurt steckten sechs Pistolen, im Hosengürtel hatte er zwei Entermesser. Doch was ihn wirklich unvergesslich machte, war sein Bart, der einen Großteil des Gesichts verdeckte und dem er seinen Spitznamen »Blackbeard« (Schwarzbart) zu verdanken hatte. Darin waren qualmende Räucherkerzen befestigt, mit denen er wie der leibhaftige Teufel aussah.

BLACKBEARD, DIE LEGENDE
Edward Teach (gest. 1718) stammte aus Bristol in England und war einer der wohl berüchtigtsten Seeräuber des 18. Jahrhunderts. Unter dem Spitznamen Blackbeard versetzte er alle, die ihm begegneten, in Angst und Schrecken. Zwei Jahre als Seeräuber reichten aus, um seinen legendären Ruf zu begründen.

Wie der leibhaftige Teufel erschien Blackbeard in der Ladeluke.

Blackbeards Schiff jagte allen Angst ein. Es war größer als alle anderen Piratenschiffe dieser Zeit. Doch es fürchteten ihn nicht nur seine Opfer. Die eigene Mannschaft wusste Furcht erregende Geschichten über ihren Kapitän zu erzählen.

Eines Tages sagte er zu seinen Leuten: »Los, wir machen uns unsere eigene Hölle und probieren aus, wie lange wir es darin aushalten.« Zwei Männer der Besatzung nahmen die Herausforderung an und folgten ihm in den Laderaum des Schiffes. Dort zündete er ein Feuer an und warf Schwefel in die Flammen. Ein erstickender, ätzender Rauch machte sich breit. Die Luke aber öffnete Blackbeard erst, als die beiden Männer keuchend und hustend um frische Luft bettelten.

Er selbst stieg als Letzter hinaus, befriedigt darüber, dass er dem Giftqualm am längsten widerstanden hatte.

Blackbeards Männer waren eine bösartige, grausame Bande.

Die Stadt Charleston in South Carolina liegt am Ashley River. 70 Jahre, nachdem Blackbeard in dieser Gegend sein Unwesen getrieben hatte, wurde sie Teil der Vereinigten Staaten von Amerika.

Geschichten wie diese machten Blackbeard berühmt. Als er also im Frühjahr 1717 sein Schiff über den Ashley River steuerte und Kurs auf Charleston in South Carolina nahm, fürchteten die Stadtbewohner das Schlimmste. Eine Woche lang raubten Blackbeard und seine 300 Piraten jedes Schiff aus, das vorübersegelte, und nahmen die Mannschaften gefangen. Sogar eines der Stadtoberhäupter und dessen vier Jahre alten Sohn nahmen sie als Gefangene. Für die Freilassung der Gefangenen verlangte Blackbeard eine Truhe mit Arzneimitteln. Sollte man ihm diese verweigern, wollte er alle 80 Geiseln umbringen und dem Gouverneur von South Carolina ihre Köpfe schicken.

Eine der Geiseln ruderte mit einigen Piraten ans Ufer, um den übrigen Ratsherren diese Forderung vorzutragen. Die Freibeuter schweiften randalierend durch die Straßen und betranken sich.

Ein paar Tage später kehrte die *Queen Anne's Revenge* in den Hafen von Charleston zurück, um das Verlangte abzuholen. Da man fürchtete, dass die Piraten über die Stadt herfallen würden, trug man Waffen zusammen und versteckte Frau und Kind. Zur großen Erleichterung der Stadtbevölkerung wurde Blackbeards Forderung fristgerecht erfüllt. Er ließ die

BLACKBEARDS FAHNE
Nicht auf jeder Piratenfahne war ein Totenkopf abgebildet. Einige Piratenkapitäne hatten sogar ihr eigenes »Markenzeichen« auf der Flagge. Blackbeards Fahne zeigte einen Knochenmann, der auf das Wohl des Todes trinkt, und ein blutendes Herz.

Piraten setzten Leute der Mannschaft als Strafe gern auf einer einsamen Insel aus.

Geiseln frei und segelte nach Norden weiter, um seine Raubzüge fortzusetzen. Bald fasste Blackbeard einen neuen tollkühnen Plan, für den er aber nur wenige Leute brauchte. Die Auserwählten begleiteten ihn auf ein neues, kleineres Schiff. Die übrigen setzte er ohne Proviant oder Wasser auf einer kleinen Insel aus.

Blackbeards neuer Plan fußte auf einem betrügerischen Abkommen: Für einen Anteil an der Beute wollte der Gouverneur von North Carolina beide Augen zudrücken und Blackbeard unbehelligt lassen. Ohne Strafe befürchten zu müssen, konnte der Piratenkapitän nun jedes beliebige Schiff entern und plündern. Aber die ehrlichen Händler und Siedler hatten Blackbeards Machenschaften satt. Sie riefen die Marine zu Hilfe und forderten sie auf, die Seeräuber zu fassen – tot oder lebendig. Eines Morgens im Jahre 1718 nahmen zwei Schaluppen der Marine Kurs auf Blackbeards Schiff, das vor der Küste Carolinas ankerte. Blackbeard feuerte einen Warnschuss ab. Dann rief er: »He, ihr verfluchten Strolche! Wer seid ihr und woher kommt ihr?«

Leutnant Maynard antwortete: »Ihr könnt wohl sehen, dass wir keine Piraten sind.« Maynard befahl seinen Männern, das Boot näher heranzurudern. Doch auf dem offenen Deck waren sie dem Beschuss durch die Piraten schutzlos ausgeliefert. 30 Mann wurden verwundet oder starben im Kugelhagel. Maynard schickte die übrig Gebliebenen unter Deck.

Als die Schiffe näher aneinander rückten, waren nur noch wenige Marinesoldaten an Deck. Blackbeard wähnte sich schon als Sieger. »Auf, lasst uns das Schiff entern und die Kerle in Stücke schlagen!«, rief er. Die Piraten warfen ein paar Granaten an Bord des Marineschiffes und stürmten los. »Alle Mann an Deck!«, brüllte Maynard, worauf sich seine Männer todesmutig einem erbitterten Kampf stellten.

Als sich der Rauch lichtete, standen Maynard und Blackbeard einander gegenüber. Beide feuerten ihre Pistolen ab, aber nur Maynards Kugel traf. Blackbeard zuckte nicht einmal mit der Wimper. Er zog sein Entermesser blank. Maynard hob sein Schwert, um sich zu verteidigen. Doch der Gegner zerschlug es mit einem einzigen wuchtigen Hieb. Maynard fingerte nun nach einer Pistole – zu spät. Blackbeard war über ihm und holte aus. Bevor er aber dazu kam, den tödlichen Schlag zu führen, war einer von Maynards Männern zur Stelle und schnitt ihm die Kehle durch.

Mit einer neuen, schaurigen Galeonsfigur kehrte Maynards Schiff in den Hafen zurück – vom Bugspriet hing Blackbeards Kopf.

Gestrandete Piraten erbaten von anderen Hilfe.

Aloe Vera

Lavendel

Distel

Perlen

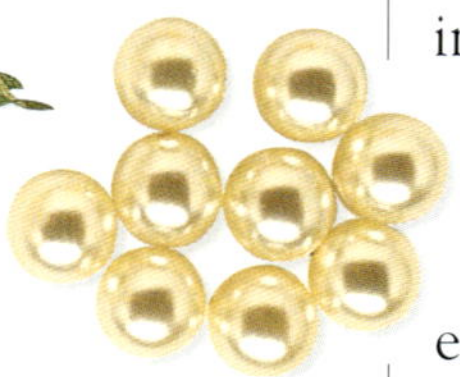

ARZNEIEN UM 1700

Die von Blackbeard geforderten Arzneimittel haben seiner Besatzung wahrscheinlich nur wenig helfen können. Man verabreichte Heilkräuter und verließ sich ansonsten auf Aberglauben und Astrologie (Sterndeutung). Die Truhe enthielt wahrscheinlich Arzneien, die wir heute als Küchenkräuter verwenden. Vielleicht fanden sich darin auch einige exotische Tinkturen oder Extrakte (Auszüge).

Um 1700 gab es noch keine Uniformen für Matrosen; sie trugen leichte Kleidung, um gut in den Wanten klettern zu können.

BUCHT VON OCRACOKE
Die britische Marine (damals gehörte ein Großteil der amerikanischen Ostküste zu Großbritannien) erwischte Blackbeard in dem Netz von Flüssen und kleinen Inseln um North Carolina. Das Piratenschiff ankerte in der Bucht von Ocracoke.

ENTERMESSER
Blackbeard kämpfte mit einem kurzen Schwert. Der Legende nach wurde das Entermesser von karibischen Seeräubern erfunden. Vermutlich benutzten die Piraten aber einfach die Waffen, die sie in die Finger bekommen konnten. Ein Kurzschwert wie das Entermesser war auf See eine zweckmäßige Waffe. Längere Klingen wären im Takelwerk hängen geblieben.

Steinschlosspistolen ließen sich nur einmal abfeuern. Piraten benutzten die Pistolen oft als Knüppel.

KAPITÄN COOKS LETZTE REISE

Was zuvor geschah ...

Zwei überaus erfolgreiche Reisen in den Pazifik machten Cook zum größten Entdecker seiner Zeit. 1776 erhielt er den Auftrag, die nördliche Durchfahrt zwischen Pazifik und Atlantik zu erkunden, sei es in westlicher oder östlicher Richtung.
Mit seinen Schiffen *Discovery* (Entdeckung) und *Resolution* (Entschlossenheit) segelte er von England über Südafrika, Tasmanien und Neuseeland in den Nordpazifik.

KAPITÄN COOK
Der englische Forscher James Cook (1728–1779) erlernte die Seefahrt auf einem Kohlenschiff. Er trat in die Kriegsmarine ein und machte sehr schnell Karriere. Als Kommandant einer wissenschaftlichen Expedition bereiste er 1768 den Pazifik. Zusätzlichen Ruhm erlangte er auf dieser Reise, weil es ihm gelang, seine Mannschaft vor Skorbut zu schützen (s. S. 27).
Von 1772 bis 1775 setzte er die Erforschung des Pazifiks fort, machte viele sensationelle Entdeckungen und kehrte mit neuen Seekarten zurück.

COOKS SCHIFF, die *Resolution*, lief mit einer ungewöhnlichen, lärmenden Fracht aus. Der König von England wollte die Häuptlinge der pazifischen Inseln mit Rindern, Schweinen, Schafen und Ziegen beschenken. Cook selbst kaufte in einem südafrikanischen Hafen außerdem Kaninchen und Pferde. »Jetzt ist die *Resolution* fast so etwas wie eine Arche Noah«, sagte der Kapitän später.

Im April erreichten sie die Friendly Islands (heute: Tonga-Inseln). Cook hatte sie so genannt, weil er dort vier Jahre zuvor sehr freundlich empfangen worden war. Diesmal blieben Cook und seine Mannschaft fast drei Monate auf den wunderschönen tropischen Inseln. Dann segelten sie über Tahiti nach Norden in damals noch unbekannte Gewässer. Im Januar tauchten am Horizont die Bergspitzen von Hawaii auf, die zuvor noch kein Europäer gesehen hatte.

Bei der Landung begrüßten die Insulaner Cook wie einen Gott, der auf die Erde herabgestiegen war, und sie warfen sich ihm zu Füßen. Zwei Wochen verbrachten die Seeleute auf Hawaii; dann zogen sie weiter nach Norden.

Im April hatten sie die milde Südsee weit hinter sich gelassen. Vor der Küste Alaskas geriet die *Resolution* in eine Nebelbank, die jeden Laut dämpfte und den Seeleuten die Sicht nahm. Normalerweise hätte Cook Anker werfen lassen und auf besseres Wetter gewartet. Weil aber das Wasser tief war und ein günstiger Wind wehte, segelte er weiter. Zur Sicherheit beauftragte er einen der Matrosen, das Senkblei auszuwerfen und damit die Wassertiefe auszuloten.

»Siebzehn Faden tief!«, tönte seine Stimme durch die gespenstische Stille. (Demnach lag der Meeresgrund umgerechnet 32 Meter unter der Wasseroberfläche.)

Kurze Zeit später war zu hören: »Jetzt sind's nur noch neun Faden!« Das

Schiff war in flacheres Wasser geraten.

Erneut warf der Matrose das Senkblei aus. »Drei Faden tief!«, brüllte er. Das waren nur noch 5,5 Meter! Zu beiden Seiten verbargen sich Felsklippen im Nebel. Plötzlich ertönten weitere Warngeräusche: Wellen brachen sich an den Felsen. Das Schiff drohte zu zerschellen.

»Anker werfen!«, befahl Cook kurz entschlossen.

Nach wenigen Umdrehungen der Ankerwinde stieß der Anker schon auf Grund. Die Seemänner banden sich fest, gefasst darauf, dass die *Resolution* bald auf die Felsen prallen würde. Doch wie durch ein Wunder blieb die Katastrophe aus.

Als sich der Nebel verzog, trauten die Männer ihren Augen kaum: Das Schiff hatte sich einen Weg durch eine enge Durchfahrt gebahnt, und turmhoch ragten zu beiden Seiten zackige Felsen auf. Cook starrte voller Entsetzen um sich. Er nahm Hut und Perücke ab und wischte sich den Schweiß von der Stirn.

»Gütiger Himmel!«, stöhnte er. »Bei klarer Sicht hätte ich diese Passage nicht gewagt.«

STRENGE DISZIPLIN
Die Bewohner der pazifischen Inseln teilten das, was sie hatten, miteinander. Für Cook waren sie jedoch Diebe, weil sie auch seine Habe als Gemeingut betrachteten. »Verbrecher« bestrafte er streng. Einmal schnitt er einem Mann ein Ohr ab, weil dieser sich an seinem Sextanten vergriffen hatte.

COOKS LETZTE REISE
Am Ende fand Cook die Nordpassage vom Pazifik in den Alantik nicht. Auf Hawaii geriet einer seiner Männer wegen eines Diebstahls in einen Streit und erschoss einen Inselhäuptling. Die aufgebrachten Hawaiianer übten bittere Rache, indem sie Kapitän Cook töteten.

Gefahren der Wildnis

Mit dem Beginn des 19. Jahrhunderts fing auch ein neues Kapitel in der Geschichte der Abenteuer an. In früheren Zeiten hatten Seeleute Karten von den Küsten ferner Kontinente gezeichnet. Jetzt machte sich eine neue Generation von Pionieren und Weltreisenden daran, das wilde Hinterland dieser Küsten zu erkunden und zu besiedeln. In großen Expeditionen erforschten sie die tosenden Flüsse Amerikas und das Innere der australischen Wüste. Als einsame Wanderer zogen sie zu den geheimnisvollen Städten oder unbekannten Sumpflandschaften Afrikas. Die meisten dieser »neuen« Abenteurer hatten Gewehre. Manche waren zusätzlich mit wissenschaftlichen Instrumenten ausgerüstet. Im Zeitalter der wissenschaftlichen Neugier musste alles Unerforschte gesammelt, gemessen und abgezählt werden.

Einige der abenteuerlichsten Figuren des 19. Jahrhunderts machten als Gesetzlose von sich reden. Der australische Bandit Ned Kelly *war Bankräuber und Mörder. Zu Ruhm gelangte er durch seine letzte Schießerei (s. S. 68).*

DIE ERFORSCHUNG SÜDAMERIKAS

Was zuvor geschah ...

Alexander von Humboldt hatte seine Expeditionsreise lange geplant, konnte aber erst aufbrechen, als er eine Einreiseerlaubnis für die spanischen Kolonien in Südamerika erhielt. Als seinen Begleiter wählte er Aimé Bonpland aus, einen jungen französischen Botaniker.
Die beiden unerschrockenen Männer begannen ihre Reise im März 1800 in Caracas, der Hauptstadt Venezuelas. Keiner der beiden hatte eine Vorstellung von den Strapazen, die ihnen bevorstanden.

DSCHUNGELFORSCHER
Der deutsche Wissenschaftler und Forschungsreisende Alexander von Humboldt (1769–1859) interessierte sich schon zu seiner Berliner Schulzeit für die Pflanzenkunde. Er studierte außerdem Geologie (Wissenschaft von der Erde). Doch er träumte davon, heiße, tropische Regenwälder zu erforschen. Nach dem Tod seiner Mutter erbte er genügend Geld, um diesen Traum zu verwirklichen.

HUMBOLDT UND BONPLAND WAREN BEGEISTERT von der üppigen Pflanzen- und Tierwelt Südamerikas.

»Wie prächtig sind das Gefieder der Vögel und die Farben der Fische«, schrieb Humboldt. »Sogar die Krebse sind himmelblau und golden!« Doch der Regenwald ängstigte und quälte die beiden auch. Bei Tage wehrten sie sich tapfer gegen Kannibalen und die riesige Königsschlange *(Boa constrictor)*. Nachts hörten sie hungrige Jaguare in der Dunkelheit brüllen.

Überall krabbelten sonderbare Insekten herum. Wolken blutrünstiger Moskitos schwirrten umher. Von ihren Stichen waren Humboldts Hände so dick angeschwollen, dass er kaum noch seine Schreibfeder halten konnte.

Die Insekten machten sich auch über den Proviant der beiden Reisenden her. Zu guter Letzt mussten die Forscher Ameisen verspeisen und Wasser aus dem Orinoko trinken, um Hunger und Durst zu stillen. Gebratenes Affenfleisch war ein seltener Festschmaus.

Zu allem Übel verrotteten die gesammelten Pflanzenproben in der schwül-warmen Luft. Tropische Stürme machten ihnen zusätzlich zu schaffen.

Sie fuhren gerade den majestätischen Orinoko stromabwärts, als sich ein Sturm zusammen-

Im trüben Wasser des Orinoko tummelten sich Piranhas.

braute. Mit Sorge blickte Humboldt auf die heranziehenden Wolken.

Am Ufer sah er riesige Krokodile träge im flachen Wasser treiben. Wenige Augenblicke später nahm ihm ein heftiger Sturzregen die Sicht. Bald bildeten sich Pfützen im Boot. Humboldt fragte sich, ob es möglich sein würde, ans Ufer zu schwimmen. Er warf einen Blick auf seine Ausrüstung und die Vorräte. Wenn er all das verlöre, würde er seine wissenschaftlichen Studien nicht fortsetzen können. Er sah sich nach seinem Gefährten um. Bonpland schöpfte, so schnell er nur konnte, doch das Wasser im Boot stieg immer höher.

Plötzlich hörte Humboldt, wie es hinter ihm mehrere Male laut aufklatschte. Er fuhr herum und sah die einheimischen Fremdenführer hastig aufs Ufer zu schwimmen. Das Boot lag nun zwar höher im Wasser, doch ohne ortskundige Führer waren die beiden Europäer verloren.

Auf Rettung wäre nicht zu hoffen, kaum je bereiste jemand diesen Teil des Stromes. Die beiden besprachen, was sie tun sollten.

»Steigen Sie auf meinen Rücken, Herr von Humboldt«, schlug Bonpland mutig vor. »Wir versuchen, ans Ufer zu schwimmen.«

Doch diese Prüfung blieb ihnen erspart. So plötzlich wie er gekommen war, legte sich der Sturm wieder. Eine leichte Brise trieb das Boot sachte ans Ufer, wo sich auch ihre Reiseführer wieder zu ihnen gesellten.

KUNST IM DIENST DER WISSENSCHAFT
Um 1800 gab es noch keine Kameras. Um ihre Entdeckungen zu dokumentieren, mussten Forscher Zeichnungen davon anfertigen. Diese Pflanze hat Bonpland gezeichnet.

Obwohl Bonpland fleißig Wasser schöpfte, lief das Boot voll.

DER HUMBOLDT-AFFE
Einige Pflanzen und Tiere wurden nach ihrem Entdecker Humboldt benannt, so auch dieser inzwischen seltene Wollaffe *(Lagothrix lagotricha)*. Humboldt zählte zu den ersten Wissenschaftlern, die erkannten, dass alle Lebensformen voneinander abhängen. Es würde ihn freuen zu hören, dass das Überleben dieser Affenart vorläufig gesichert ist.

Im Juli 1800 kehrten Humboldt und Bonpland an die Küste Venezuelas zurück. Eine Kolonne von 14 Maultieren trug die Ausrüstung und über 12 000 Pflanzenproben, die die beiden gesammelt hatten. Doch Humboldts Forschungsdrang war wie eine Sucht.

Mit Bonpland begab er sich bald auf eine weitere Reise, diesmal nach Kuba und Ecuador. Humboldt war von Vulkanen fasziniert. Er wollte den Chimborazo, den höchsten Vulkan des Landes, bezwingen, kam aber zu seiner großen Enttäuschung »nur« bis zu einer Höhe von 5880 Metern. Trotzdem war dies ein Höhenweltrekord, der erst 30 Jahre später überboten werden sollte.

Mehr Erfolg hatte er am Pichincha, dem Berg nahe der ecuadorianischen Hauptstadt Quito. Mit zwei einheimischen Bergführern machte er sich an den Aufstieg. Der erste Versuch scheiterte, weil Humboldt unter Schwindelanfällen, Atemnot und Bewusstseinstrübung, den Symptomen leichter Höhenkrankheit, litt.

Humboldt erkannte als Erster, dass diese Krankheit durch Sauerstoffmangel verursacht wird. Ohne Sauerstoffflasche, wie sie die modernen Bergsteiger tragen, waren Humboldts Besteigungen besonders gefährlich.

HUMBOLDTS ENTDECKUNGEN
Auf ihrer ersten Reise reisten die Forscher hinter der Mündung des Orinoko flussaufwärts. Von dort transportierten sie ihr Boot über Land zum Amazonas. Sie folgten dem Casiquiare und konnten beweisen, dass die beiden mächtigen Ströme miteinander verbunden sind.

Ehe sie einen zweiten Vorstoß unternahmen, hockten die drei Männer mutlos am Fuß des Berges und starrten auf himmelhohe Wände aus vulkanischem Gestein. Humboldt erinnerte sich an einen ähnlichen Vulkan, den er auf der Atlantikinsel Teneriffa bestiegen hatte. Dort war er auf allen Vieren bis an den Kraterrand gekrochen.

Nun machten sie sich daran, den Pichincha auf die gleiche Weise zu bezwingen. Vorsichtig erklommen sie die schneebedeckte Kuppe. Sie hatten zwar keine Seile, Eispickel oder dergleichen dabei, fühlten sich aber durchaus sicher, zumal der Schnee eine ausreichend feste Unterlage bildete. Plötzlich gab die Schneedecke jedoch unter dem Bergführer Aldas nach. »Hilfe!«, schrie er entsetzt. »Ich hab' keinen Halt mehr unter den Füßen!«

Zusammen mit dem anderen Bergführer eilte ihm Humboldt zu Hilfe. Glücklicherweise war Aldas von einem Vorsprung aus festem Schnee aufgefangen worden.

Von diesem Vorfall alarmiert, wollten die beiden Ecuadorianer umkehren. Da beschloss Humboldt allein weiterzugehen. Als Aldas sah, dass er mit sicheren Schritten weiterkletterte, folgte er ihm. Gemeinsam setzten sie ihren Weg vorsichtig fort. Sie kletterten ohne Karte und wussten nicht, auf welcher Route man den Gipfel am besten erreichte. Doch je höher sie kamen, desto leichter wurde der Aufstieg. Die Pfade wurden breiter und es ging nicht mehr so steil bergan. Bald mehrten sich die Anzeichen dafür, dass sie sich dem Krater näherten. Der Gestank von Schwefel stach ihnen in die Nase, der Boden wurde wärmer, und an manchen Stellen war der Schnee weggetaut. Sie passierten gerade eines der letzten Schneefelder, als aus dem dichtem Nebel ein Felsen auftauchte. Humboldt stutzte. Nur wenige Schritte entfernt sah er am Fuß des Felsens hellrote Flammen emporzüngeln.

Ihm war sofort klar, dass sie sich auf einer zerbrechlichen Eisbrücke über dem Krater befanden. Er sprang auf einen Felsvorsprung, drehte sich um, packte Aldas bei dessen Poncho und zerrte ihn in Sicherheit. Ein paar Schritte weiter und beide wären unweigerlich zu Tode gestürzt. Sie kauerten am Rand des Vorsprungs und starrten in die Tiefe. Ganz allmählich verflog die Angst und wich freudiger Erregung und Stolz auf die vollbrachte Leistung.

Humboldt maß den Luftdruck und rechnete aus, dass sie eine Höhe von fast 4880 Metern erreicht haben mussten. Bald traten sie den Abstieg an, aber erst, nachdem Humboldt zuvor seine Stiefel im heißen Luftzug des Vulkans getrocknet hatte.

» Rechts von uns klaffte ein Abgrund von 250 bis 300 Metern Tiefe. «
HUMBOLDT

WIE ES WEITERGING …
Humboldt sammelte auf dieser Reise so viel Material, dass er 25 Jahre brauchte, um seine Funde zu sortieren. Das Ergebnis veröffentlichte er in 36 Büchern. Noch mit 59 Jahren fuhr er reiselustig nach Zentralasien, ein in Europa unbekanntes Gebiet.

Ein Grislibär greift an

Was zuvor geschah ...

Im Mai 1804 brachen Meriwether Lewis, William Clark und 43 weitere Männer von St. Louis im US-Bundesstaat Missouri auf. In einem Plattbodenschiff und zwei Kanus wollten sie Louisiana bereisen. Dieses weite Land westlich des Mississippi hatten die Vereinigten Staaten von Amerika erst ein Jahr zuvor den Franzosen abgekauft. Von dort aus zogen die Männer weiter gen Westen in unbekannte Gebiete und bis an den Pazifik.

Meriwether Lewis *William Clark*

Lewis und Clark
Meriwether Lewis (1774–1809) war zunächst in der Armee und wurde dann Privatsekretär von Präsident Jefferson. William Clark (1770–1838) hatte mit Lewis in der Armee Freundschaft geschlossen. Präsident Jefferson wählte die beiden als Leiter einer Expedition aus, die den Auftrag hatte, eine neue Route zur Westküste Amerikas ausfindig zu machen.

Beinahe wäre die Expedition, kaum dass sie begonnen hatte, schon gescheitert. An einer Stelle, die »The Devil's Raceground« (Teufels Rennstrecke) genannt wurde, trieb das schwere Boot auf eine Sandbank. Einen schrecklichen Moment lang sah es so aus, als würde es umkippen und sämtliche Vorräte in den Missouri entladen. Alle sprangen von Bord und schoben das Boot mit vereinten Kräften zurück in tieferes Wasser.

Weiter flussaufwärts warteten neue Gefahren. Die eingeborenen Sioux wollten die Pioniere an der Weiterfahrt hindern. Weil Tabak und Whisky die Widersacher nicht versöhnlicher stimmten, bot Clark ihnen noch mehr Geschenke an. Als ihn dann aber einige Krieger umzingelten, zog er sein Schwert. Es entbrannte ein lautstarker Streit. Allerdings konnte Clark die Sioux ebenso wenig verstehen wie sie ihn. Da kam Clark ein Boot voller Soldaten zu Hilfe und der Disput war schnell beigelegt.

Andere Indianerstämme waren entgegenkommender. Die friedliebenden Mandan erlaubten den Fremden, in der Nähe ihres Dorfes Hütten für den Winter zu bauen.

Im Dezember fror der Fluss zu. Die Mandan waren gegen den Frost abgehärtet; manche spielten sogar mit bloßem Oberkörper Lacrosse (indianisches Ballspiel mit käscherartigen Schlägern) auf dem Eis. Doch einige Expeditionsmitglieder wurden krank. Einem mussten sogar die erfrorenen Zehen amputiert werden. Die Kälte dauerte bis zum Februar an, und erst als die dicke Eiskruste Anfang April abgetaut war, konnte es weitergehen.

Der Missouri war zwar vom Tauwasser angeschwollen, aber trotzdem zu eng für das größte Boot. Deshalb fuhren ein paar Männer damit zurück nach St. Louis. Die restlichen 32 – verteilt auf die zwei mitgebrachten sowie sechs neue Kanus, die sie während des Winters gebaut hatten – drangen immer tiefer in unbekannte Zonen vor.

Lange hatten sie hungern müssen. Jetzt – im Frühling – gab es Wild in Hülle

und Fülle. Bei der Jagd am Flussufer stieß Lewis eines Tages auf eine große Büffelherde. Er legte das Gewehr an, zielte sorgfältig und drückte ab. Getroffen ging ein Büffel zu Boden. In diesem Moment fühlte sich Lewis beobachtet. Er drehte sich um und sah gerade noch rechtzeitig einen riesigen Grislibären auf sich zukommen.

Spontan hob Lewis das Gewehr, doch dann fiel ihm ein, dass er die Ladung ja schon abgefeuert hatte. Zum Nachladen blieb keine Zeit mehr. Verzweifelt sah er sich nach einem Versteck um – vergebens. Der Bär griff an! Lewis rannte, so schnell er konnte, doch der Bär war schneller. Schon glaubte Lewis, dessen fauligen Atem im Nacken zu spüren. Er sprang ins Wasser, packte seinen Speer und wandte sich dem Ungetüm zu, gefasst darauf, von dessen Zähnen und Klauen zerfetzt zu werden.

Zu seiner Verwunderung blieb der Grisli stehen. Es schien, dass ihn Lewis' mutiger Widerstand verunsicherte. Für einen Moment starrten sie einander an. Plötzlich trollte sich der Koloss. Lewis zitterte vor Angst und Erleichterung am ganzen Leib und gelobte, sein Gewehr in Zukunft immer sofort nachzuladen.

WILLKOMMENE HILFE
Sacajawea (oben), eine Frau vom Stamm der Shoshonen, suchte die weißen Männer in ihrem Winterlager auf. Sie wurde Pfadfinderin und Dolmetscherin der Expedition.

WIE ES WEITERGING ...
Die Pioniere überquerten die Rocky Mountains und erreichten am 15. November 1805 den pazifischen Ozean. Als sie zehn Monate später wieder in St. Louis eintrafen, hatten sie insgesamt fast 13 000 Kilometer zurückgelegt.

Mit dem Speer würde Lewis gegen den gewaltigen Bären wenig ausrichten.

ÜBER DEN REISSENDEN FLUSS

Was zuvor geschah ...
1822 hatte sich Davy Crockett im Grenzgebiet an einem entlegenen Ort niedergelassen, Getreide angebaut und eine reiche Ernte eingeholt. Im Herbst und zu Anfang des Winters erlegte er acht Bären und viel anderes Wild. Um die Weihnachtszeit aber gab es ein Problem: Die Vorratskammer war leer, doch er konnte nicht jagen gehen, weil er sein gesamtes Schießpulver aufgebraucht hatte.

KÄMPFER AN DER GRENZE Davy Crockett (1786–1836) wuchs im amerikanischen Grenzland auf. Obwohl er nur 100 Tage lang die Schule besucht hatte, war er klug und einfallsreich. Zwischen 1813 und 1814 machte er sich in den Kämpfen gegen die Ureinwohner Amerikas, die Indianer, einen Namen als unerschrockener Kundschafter. 1821 ging Davy in die Politik. Seine Reden, die mit amüsanten Anekdoten gespickt waren, machten ihn zur Legende.

DAVY WAR GUT VORBEREITET. Er hatte zwar sein ganzes Pulver verschossen, wusste aber, dass sein Schwager ein volles Fässchen für ihn bereithielt. Er brauchte es nur zu holen.

Dazu musste er allerdings einen Fluss überqueren, der nach den starken Regenfällen des Winters stark angeschwollen war. Davys Frau flehte ihn an, zu Hause zu bleiben.

»Mir wär's lieber, wir verhungern gemeinsam, als dass du allein erfrierst oder ertrinkst«, sagte sie. Aber Davy war entschlossen. Mit ein paar trockenen Kleidern und seiner Flinte machte er sich auf den Weg.

Unter seinen weichen, ledernen Mokassins knirschte der Schnee. Als er das überflutete Ufer erreichte, breitete sich der Fluss wie ein weiter See vor ihm aus. Aber er hatte ihn schon häufig überquert und wollte sich nicht von den tosenden Wassermassen zurückhalten lassen. Er watete hinein und achtete darauf, dass Flinte und Bündel nicht nass wurden. Die starke Strömung riss alles mit sich, was ihr in die Quere kam. Davy sah sich um und entdeckte einen kleinen Baum, der auf einer Insel wuchs, welche aber jetzt von schäumenden Fluten überspült wurde. Eine Astgabel in der Krone brachte Davy auf eine Idee. Er nahm sein Tomahawk (Beil) und hatte im Handumdrehen einen jungen Stamm gefällt, den er mit der Astgabel verkeilte. Er schlang die Beine um den angelehnten

Stamm und hangelte sich daran entlang. Auf der Insel angekommen, stand er zitternd im flacheren Wasser. Er wusste, dass hier normalerweise ein anderer umgestürzter Baum als Brücke diente, konnte ihn aber nirgends sehen. Bis zur Hüfte im Wasser stehend, stocherte er mit einem Stock darin herum, bis er ihn gefunden hatte. Dann tastete er sich mit den Füßen voran und balancierte zur anderen Seite. Nun trennte ihn nur noch ein schmaler Streifen aufgewühlten Wassers vom trockenen Ufer.

Zum Glück hatte sich ein herangetriebener Baumstamm der Länge nach vor die verbleibende Lücke gelegt. Davy biss die klappernden Zähne aufeinander und

EIN VOLKSHELD
Um seine politische Karriere zu fördern, schrieb Davy Crockett seine Lebensgeschichte nieder. Sie wurde 1834 veröffentlicht und schon bald sehr beliebt. Im 20. Jahrhundert erschien das Buch als Comic. Ein erfundener Davy, der mit dem Original nur noch wenig gemein hatte, tauchte in einer Fernsehserie auf.

stellte einen Fuß auf den Stumpf, der unter ihm zu wippen anfing. Mit seitlich ausgestreckten Armen und kleinen Schritten arbeitete er sich voran. Der Stamm knarrte. Davy geriet ins Straucheln. Unter seinen Füßen sackte der Baum ein Stück ab, doch er war fast am Ziel. Es trennten ihn nur noch ein oder zwei Schritte vom Ufer, als der Stamm plötzlich zur Seite wegrollte. Platschend fiel Davy in den eisigen Fluss.

Er stand bis zum Hals im Wasser, hatte es aber irgendwie geschafft, Flinte und Bündel im Trockenen zu halten. Nach Luft schnappend, watete er ans Ufer. Seine Finger waren so steif gefroren, dass er seine Sachen kaum wechseln konnte. Es dauerte eine Weile, bis er wieder so weit bei Kräften war, dass er seinen Weg fortsetzen konnte. Der acht Kilometer lange Marsch zur Hütte seines Schwagers war einer der beschwerlichsten, die er je zurückgelegt hatte. »Ich wusste gar nicht«, schrieb er später, »wie viel ein Mensch ertragen kann, ohne daran zu Grunde zu gehen.«

VERKLEIDET NACH TIMBUKTU

Was zuvor geschah ...

Der Weg nach Timbuktu war gefährlich. René Caillié musste nicht nur wilden Tieren und extremen Temperaturen trotzen, sondern wagte sich auch unter Menschen, die Europäern gegenüber feindlich gesinnt waren. Darum verkleidete er sich als Muslim, studierte den Koran (das heilige Buch des Islam) und lernte Arabisch. 1827 war es dann so weit. Mit afrikanischen Reisegefährten machte er sich von Sierra Leone aus auf den Weg.

TRAUMZIEL TIMBUKTU
René Caillié (1799–1838) sehnte sich schon als Kind in die Ferne. Er träumte davon, Afrika zu erforschen und die mysteriöse Wüstenstadt Timbuktu zu besuchen. Bislang war kein Europäer lebend aus dem sagenumwobenen Handels- und Kulturzentrum der alten islamischen Welt zurückgekehrt. Der Bäckerssohn René Caillié schwor, dass er der Erste sein würde, dem das gelänge. Mit 20 Jahren war er schon zweimal vergeblich in Afrika gewesen. 1824 reiste er dann ein drittes Mal auf den schwarzen Kontinent, entschlossen Timbuktu zu sehen.

RENÉ CAILLIÉS REISE INS INNERE AFRIKAS war heiß, beschwerlich und voller Gefahren. Es gab Räuber und er litt an schlimmen Fieberanfällen und Magenkrämpfen.

Außerdem lief er sich die Füße wund.

Aber klaglos erduldete Caillié alle Strapazen, denn für ihn gab es eine noch größere Gefahr, nämlich die, entdeckt zu werden. Für die Muslime Nordafrikas verkörperten Christen wie Caillié das Böse, das keine Gnade verdiente. Falls man ihn erkannte, drohten ihm Sklaverei oder Tod. In Kankan, dem Heimatort seines Führers Lamfia, musste er seine schwerste Prüfung bestehen. Die Ankunft eines bleichgesichtigen Fremden hatte großes Aufsehen erregt. Am nächsten Tag wurde Caillié zum Häuptling des Ortes gerufen.

Besorgt ging er in Begleitung Lamfias dorthin. Seine Sorge schlug in Furcht um, als er die Hütte betrat. Alle Dorfältesten hatten sich versammelt, um ihn zu verhören. Zuerst wurde gemeinsam ein Gebet gesprochen. Das war für Caillié eine häufig geübte Routine. Er war dennoch nervös, weil er wusste, dass er sich keinen Fehler erlauben durfte.

Glücklicherweise bestand er diesen ersten Test. Doch dann begann die Befragung. Lamfia tischte eine frei erfundene Geschichte über Cailliés bisherigen Lebensweg auf.

»Als Junge wurde er, der ›Diener Gottes‹, in Ägypten von französischen Soldaten geraubt«, hob Lamfia an und verwendete den islamischen Namen, den sich Caillié zugelegt hatte. »Christen zogen ihn in Europa groß. Im Senegal auf freien Fuß gesetzt, konnte er endlich wieder ein Leben als Muslim führen. Zur Zeit ist er auf Pilgerfahrt nach Mekka.«

Die Dorfältesten hörten aufmerksam zu und stellten viele Fragen. Auf die meisten konnte Caillié mit gut einstudierten Erwiderungen antworten, doch auf eine Frage war er nicht gefasst.

»Wie heißen deine Eltern, und sind sie noch am Leben?«, übersetzte Lamfia.

Caillié fürchtete, man könnte ihm auf die Schliche kommen.

Caillié zögerte. Er bekam eine trockene Kehle und feuchte Hände. Wenn er irgendwelche ausgedachten Namen nannte, würde man von ihm wissen wollen, wo die Eltern lebten. Wie sollte er einen Ort beschreiben, an dem er nie gewesen war?

»Ich ... ich erinnere mich nicht«, stammelte er. »Als mich die Ungläubigen raubten, war ich noch ein Kind.«

Die Ältesten berieten. Lamfia dolmetschte ihr Urteil. Caillié konnte erleichtert aufatmen. Man hatte ihm die Geschichte abgekauft und versprach alles zu tun, was seine Pilgerfahrt erleichtern würde.

Caillié konnte Hilfe gut gebrauchen, denn als er die Reise fortsetzen wollte, hatte sich einer der wund gelaufenen Füße stark entzündet.

Er musste eine fünfmonatige Zwangspause einlegen. Das Dorf, in dem er sich erholte, wurde von einer schweren Hungersnot heimgesucht, der er fast zum Opfer gefallen wäre.

Aber im März 1828 war Caillié wieder bei Kräften. Fast genau ein Jahr nach Reiseantritt sah er Timbuktu in der Ferne aufscheinen. Endlich war die sagenhafte Stadt erreicht, von der er jahrelang geträumt hatte. Schon

DER NIGER
Den letzten Abschnitt seiner Reise nach Timbuktu legte Caillié an Bord eines großen Einbaums auf dem Niger zurück. Der Lauf des Stroms war den Europäern lange Zeit ein Rätsel. 20 Jahre vor Caillés Reise hatten Forscher für Verwirrung gesorgt, die auf dem Niger landeinwärts reisten. Er fließt tatsächlich lange landeinwärts, ehe er nach Süden abknickt und an der nigerianischen Küste ins Meer mündet.

» Als ich diese geheimnisvolle Stadt betrat, fühlte ich eine unbeschreibliche Genugtuung. «

RENÉ CAILLIE

TIMBUKTU

Timbuktu (heute in Mali) liegt am Südrand der Sahara. Dort führte früher eine wichtige Karawanenstraße vorbei, und die Bevölkerung wurde reich, weil sie den Gold- und Salzhandel kontrollierte. Im 15. Jahrhundert war die Stadt ein kulturelles Zentrum der islamischen Welt. Die Europäer kannten die Stadt aus den Geschichten von Ibn Battúta (s. S. 16–19) und anderen arabischen Reisenden, die tatsächlich Beobachtetes mit fantasievollen Legenden ausschmückten. Der Ruf der Stadt, ihre reiche Vergangenheit und ihre Ferne von Europa machten Timbuktu zum begehrtesten Ziel europäischer Afrikaforscher.

nach wenigen Tagen in Timbuktu schlug Cailliés anfängliche Begeisterung in bittere Enttäuschung um. Zwar hatte er sich schon gedacht, dass die Stadt bei weitem nicht mehr so reich und prächtig sein würde wie in alten Reiseberichten und Legenden beschrieben, doch auf so viel Staub, Dreck und Armut war er dann doch nicht gefasst gewesen. In sein Tagebuch schrieb er, dass er »eine völlig andere Vorstellung« von der Stadt gehabt habe, und schilderte das, was er vorfand als »ein Gewürfel von schäbigen Lehmhütten.«

Caillié sah sich in Timbuktu um. Er besuchte den König und fertigte heimlich einen Stadtplan sowie Skizzen von den Moscheen an. Nach zwei Wochen hatte er genug gesehen. Gegen Bezahlung schloss er sich einer Karawane an, die die Sahara in nördlicher Richtung durchqueren wollte. Caillié graute es vor dieser Reise, die tatsächlich von Anfang an zu einer Qual wurde. Caillié hatte zum Abschied so viele Hände zu schütteln, dass die Karawane mit ihren 600 Kamelen ohne ihn loszog. Er musste über einen Kilometer weit durch die Wüste rennen, um seine Reisegefährten einzuholen.

Schon nach zwei Tagen konnte Caillié Hitze und Wind kaum noch ertragen. Die Kleider waren schwer vom Sand, die trockenen Lippen aufgerissen. Er litt schrecklich unter Durst, und der heiße Sand brannte ihm unter den Fußsohlen. Je tiefer die Karawane in die Wüste

vordrang, desto heißer glühte die Sonne. Das Wasser wurde immer knapper. Caillié träumte von sprudelnden Quellen und kühlen, erfrischenden Flüssen. Er versuchte Wasser zu kaufen, doch es wurde so teuer gehandelt, dass er nichts Gleichwertiges zum Tausch anbieten konnte. Die Not der Karawane wurde schließlich so groß, dass man eine Vorhut vorausschickte, um Wasser aus dem nächstgelegenen Brunnen herbeizuschaffen. Drei Tage später kehrten die Männer halb verdurstet zurück. Der Brunnen war ausgetrocknet. Um am Leben zu bleiben, hatten sie ein Kamel geschlachtet und die gallig schmeckende Flüssigkeit aus dessen Magen getrunken.

Caillié hatte schon alle Hoffnungen aufgegeben, als die Karawane die Oase von Tuat erreichte. Die Brunnen dort waren voller Treibsand, so dass die halb verdursteten Reisenden zuerst tief graben mussten, bevor sie auf Wasser stießen. Verrückt vor Durst drängten auch die Kamele nach vorn. Caillié konnte sich nicht mehr beherrschen. Er zwängte sich an den Kamelbeinen vorbei und tauchte das Gesicht ins Wasser, als endlich eine kleine Pfütze im Sand erschien.

Der alptraumartige Treck durch die Wüste dauerte fast zwölf Wochen.

Endlich, im September 1829, erreichte Caillié völlig erschöpft einen französischen Posten in Tanger. Schmutzig, zerlumpt und ausgehungert wie er war, sah er aus wie ein Bettler. »Ich bin Franzose«, keuchte er. »Ich bin in Timbuktu gewesen!«

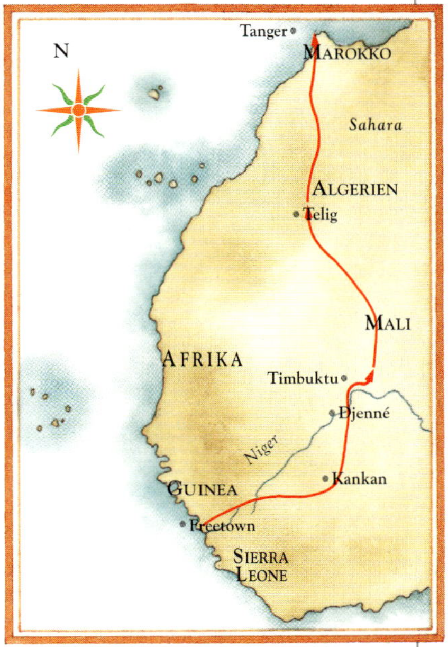

RENE CAILLIÉS ROUTE
Der französische Entdecker schlug sich durch Regenwälder, wanderte über Hochebenen und durchquerte Wüsten. Seine Route führte von der Küste Sierra Leones in nordöstlicher Richtung durch Guinea und Mali nach Timbuktu. Von dort zog er weiter gen Norden durch Algerien und Marokko.

Wüstenfahrer fürchteten nicht nur Wassermangel, sondern auch Banditen und Sandstürme. Zur größeren Sicherheit schlossen sich viele einer Karawane an.

DIE RANI VON DSCHANSI

Was zuvor geschah ...
Als der Maharadscha von Dschansi 1853 im Sterben lag, bestimmte er seine Frau Lakshmi Bai zu seiner Nachfolgerin. Doch nach seinem Tod beanspruchten die Briten, die bereits einen Großteil Indiens beherrschten, auch die Kontrolle über Dschansi. Lakshmi Bai schäumte vor Wut. »Ich werde meine Stadt nicht aufgeben!«, rief sie, obwohl sie wenig dagegen tun konnte. 1857 erhob sich ein Aufstand gegen die britischen Besatzer.

DIE KÄMPFERISCHE FÜRSTIN Lakshmi Bai (1830–1857) war die Rani (Fürstin oder Maharani) von Dschansi, einem kleinen Fürstentum in Nordindien. Sie wuchs im Palast ihres zukünftigen Gatten auf, wo sie im Kreis ihrer »Brüder« lernte zu debattieren, auf Pferden und Elefanten zu reiten und mit Waffen umzugehen.

LAKSHMI BAI, DIE RANI VON DSCHANSI, wusste, dass die Briten kommen und den Aufstand niederwerfen würden. Schnell organisierte sie ihre Verteidigung. Freiwillig meldeten sich 14 000 Kämpfer, die sie dazu aufrief, die baufälligen Wehrmauern von Dschansi zu befestigen, neue Kanonen zu gießen und für Vorräte zu sorgen.

Die Rani war bereit – aber auch der britische Feind. Am 23. März stand er vor Dschansi und hatte es fast umzingelt. Doch die britischen Offiziere erkannten, dass sie keinen schnellen Sieg davontragen würden. Die Festung stand auf einem Felsen. Ihre Mauern waren fast fünf Meter dick und doppelt so hoch.

RUMMS! Die britische Seite eröffnete das Feuer. Tag für Tag nahmen die Engländer die Burg unter Beschuss. Doch die Aufständischen setzten sich unter dem Befehl der Rani tapfer zur Wehr. Sie selbst zeigte sich in einem hohen weißen Turm mit einem Gewehr im Anschlag. Mit ihrer weißen Kleidung war sie deutlich zu erkennen. Ein mit Diamanten besetztes Schwert steckte in ihrem weißen Gürtel.

Jeden Tag schlugen britische Kanonenkugeln neue Löcher in die Festungsmauern, die aber bei Nacht von den Frauen Dschansis mit Holz und Lehm wieder ausgebessert wurden. Nach einer Woche wurde den Briten die Munition knapp. Das Bombardement war gescheitert, die Belagerung von Dschansi aber noch lange nicht vorüber.

Die Entscheidungsschlacht um die Stadt begann kurz vor Tagesanbruch des 3. April. Die Rani ritt auf einem weißen Pferd an den Mauern entlang und führte den Verteidigungszug an. Doch die Freiwilligen waren

den gut ausgebildeten britischen Truppen klar unterlegen. In nur zehn Minuten hatten sie die Verteidigungslinien durchbrochen und die Mauer gestürmt. Nun entbrannten auf der Brüstung noch erbittertere Kämpfe.

Seite an Seite mit ihren Kriegern schlug die Rani den Angriff zurück. Doch ihr Sieg war nur von kurzer Dauer. Die Briten setzten die Stadt in Brand. Die Rani sah ein, dass ihr geliebtes Dschansi nicht mehr zu retten war und floh. Sie legte eine Rüstung an und bewaffnete sich mit einem Dolch und zwei Pistolen. Dann band sie ihren kleinen Sohn in einem Tuch auf ihren Rücken. Gegen Mitternacht ritt sie so schnell davon, dass niemand ihr folgen konnte. In nur einem Tag galoppierte sie 160 Kilometer weit zum Kastell von Kalpi, das von den Rebellen gehalten wurde. Mit ihnen plante sie nun, die nahe gelegene Festung von Gwalior einzunehmen. Das kühne Vorhaben gelang. Doch die Rani war voller Sorge. Sie erinnerte ihre Leute voller Sorge daran, dass nach wie vor ernste Gefahr drohte.

Tatsächlich zogen die Briten ihre Truppen bald vor der großen Festung zusammen. Die Rani spürte, dass dies wohl ihre letzte Schlacht sein würde. Sie stutzte sich das Haar, schlüpfte in ihre Rüstung und nahm das Juwelenschwert zur Hand. Schließlich schmückte sie sich noch mit schweren Goldspangen und legte die überaus kostbare Perlenkette aus der Schatzkammer von Gwalior an.

Der Kampf dauerte nicht lange. Schon am zweiten Tag war deutlich, dass es den Rebellen nicht gelingen würde, die Festung zu halten. Die Rani führte ihre Truppen hinaus, um die Zufahrtswege zu blockieren. Auf einer Anhöhe wurden sie von einer Kavallerieeinheit angegriffen. Die Rani kämpfte wie besessen. Die Zügel ihres Pferdes zwischen den Zähnen haltend, schwang sie in jeder Hand ein Schwert. In der Hitze des Gefechts sah sie den britischen Reiter nicht, der mit seinem Karabiner auf sie anlegte. Sein Schuss tötete sie.

Britische Soldaten beschossen die Festung von Gwalior.

WIE ES WEITERGING ...

Die Rani von Dschansi war einer der gefährlichsten Anführer des indischen Aufstands. Selbst die britischen Kommandeure zollten ihr Respekt. Ihr Tod machte Lakshmi Bai zur Legende. Noch heute gilt sie als die Königin der Krieger Indiens.

WAFFEN

Die mit Juwelen besetzten Schwerter der Rani waren Zeichen ihres königlichen Standes. Prächtig verzierte Waffen wie dieser Dolch kamen bei Kämpfen nur selten zum Einsatz. Sie dienten vor allem als Schmuckstücke. Aber auch die einfachen Schwerter zeugten von hoch entwickelter Schmiedekunst. Schon im ersten Jahrhundert waren indische Waffenschmiede berühmt für ihre erstklassigen Produkte.

EIN TÖDLICHER WÜSTENTRECK

Was zuvor geschah …

Im Sommer 1860 plante ein Ausschuss der australischen Kolonie Victoria eine große Expedition mit dem Ziel, die unerforschten Weiten des australischen Binnenlandes zu erkunden und bis zur Nordküste vorzudringen. Der Ausschuss bestimmte Robert Burke zum Expeditionsleiter. Der stellte eine Mannschaft zusammen und ließ Kamele aus Indien einschiffen. Gut gerüstet machte sich der Tross am 20. August von Melbourne aus auf den Weg.

DIE EXPEDITION HATTE MELBOURNE gerade erst verlassen, als die ersten Schwierigkeiten auftraten. Die Lasttiere und schwer beladenen Karren kamen nur langsam voran. Pferde und Kamele gerieten ständig aneinander und auch unter den Männern gab es Probleme. Außerdem mangelte es dem herrischen Anführer Robert Burke an einer Fähigkeit, die man als Entdecker ohne jeden Zweifel braucht: Sein Orientierungssinn ließ einiges zu wünschen übrig! Selbst auf kurzen Etappen verlief er sich häufig.

Nach einem Streit schickte Burke den Aufseher des Trecks zurück. Daraufhin gingen auch sein Stellvertreter und der Expeditionsarzt. Der Rest der Gruppe erreichte im Oktober die Ortschaft Menindee, wo sich Burke eilig daranmachte, die Expedition neu zu organisieren.

Vor allem ging es darum, das Tempo zu beschleunigen. Es hieß, dass John McDouall Stuart von Südaustralien aus eine ähnliche Expedition gestartet hatte. Aus der Entdeckungsreise war ein Wettlauf geworden. Burke hoffte, mit einem kleineren Team schneller voranzukommen, und ließ die Hälfte der Mannschaft in Menindee zurück.

Zunächst ging der Plan auf. In weniger als drei Wochen hatten Burke und seine Begleiter Cooper Creek erreicht und damit die Hälfte der Wegstrecke zurückgelegt. Sie campierten im Schatten von Gummibäumen und nahmen ein Bad im morastigen Wasser. Doch der Lagerplatz war schlecht gewählt. Überall schwirrten schwarze Fliegen umher und Hunderte von Ratten fraßen, was ihnen zwischen die Zähne kam – nicht nur Lebensmittel, sondern auch Schuhsohlen und Teile der Ausrüstung.

Einen Monat lang machte Burke in Cooper Creek Station und versuchte von dort aus, eine begehbare Route und Wasservorkommen im Norden auszukundschaften. Aber sämtliche Exkursionen schlugen fehl. Unermesslich weit dehnte sich verbranntes Land zu allen Seiten hin aus. Schließlich entschied Burke, die Gruppe ein weiteres Mal zu teilen. Drei Männer sollten in Cooper Creek zurückbleiben. Er selbst wollte mit Charles Gray,

Robert Burke *William Wills*

DIE BETEILIGTEN
Robert O'Hara Burke (1821–1861) stammte aus Irland und war ein hoher Polizeibeamter. Als Entdecker fehlte ihm allerdings jegliche Erfahrung. Dass er dennoch mit der Expeditionsleitung betraut wurde, verdankte er vor allem seinen guten Beziehungen. Er wählte den Engländer William Wills (1834–1861) als seinen Landvermesser und Astronomen. In Menindee heuerte er Charles Gray (vermutlich 1818–1861) als »Mädchen für alles« und John King (1841–1872) als Kameltreiber an.

William Wills und John King weiterziehen.

Unterwegs nach Norden begegneten ihnen Ureinwohner, so genannte Aborigines, die ihnen zu essen gaben und ihnen beibrachten, wie man Wasser findet. Doch Burke und seine Männer misstrauten den Aborigines und zeigten wenig Respekt für deren Kenntnisse über das heiße, trockene Hinterland.

In der Ebene kam die Expedition nun schnell voran, und Burke trieb seine Kameraden weiter zur Eile an. Als sie die Selwyn Mountains erreichten, entschied er direkt darüber hinwegzusteigen. Zu allem Überfluss hatte die Regenzeit begonnen. In ihrer Hast zogen Burke und seine Männer trotz heftiger Gewitterstürme weiter. Der Regen weichte den Grund auf, Mensch und Tier stapften durch tiefen Schlamm.

Dennoch waren sie ihrem Ziel Ende Januar schon sehr nahe gekommen. Um verlorene Zeit gutzumachen, beschloss Burke ein weiteres Mal, die Gruppe zu verkleinern. Er ließ Gray und King zurück und eilte mit Wills in Richtung Norden, dem Golf von Carpentaria entgegen. Am 10. Februar, fast sechs Monate nach ihrem Aufbruch aus Melbourne, konnten sie Meeresluft riechen und freuten sich schon darauf, am nächsten Tag in der Brandung zu schwimmen.

Wie viele Europäer jener Zeit verachteten Burke und Wills die Aborigines. Doch die Ureinwohner wussten, wie man im unwirtlichen Hinterland Nahrung und Wasser findet. Sie sammelten Früchte, Nüsse und Maden und jagten Tiere.

ENDLOSE WEITEN
Hinter den fruchtbaren Küstenregionen Australiens liegt eine fast vier Millionen Quadratkilometer große, wasserarme Ödnis – das so genannte »Outback«. Seit Burkes Expedition vor fast anderthalb Jahrhunderten hat sich diese Landschaft kaum verändert. Sie ist zum größten Teil völlig flach.

Den Golf von Carpentaria säumte nicht, wie erhofft, ein mit Palmen bewachsener Sandstrand. Vielmehr reichte der tropische Wald weit ins Wasser hinein. Die Entdecker wateten zwar durch Mangrovensümpfe, bekamen aber nie das offene Meer zu Gesicht. Sie waren enttäuscht, hatten aber immerhin ihr Ziel erreicht.

Burke und Wills kehrten zu ihren wartenden Gefährten zurück, und gemeinsam traten sie die Rückreise an. Der Hinweg hatte acht Wochen gedauert; die Vorräte würden nur noch für fünf Wochen reichen.

Um nicht hungern zu müssen, machten sich die Männer über alles Getier her, das aufzutreiben war – sogar über Insekten – und aßen alle Pflanzen, die ihnen halbwegs genießbar erschienen. Einmal erkrankte Burke, nachdem er eine Schlange verspeist hatte. Vor Hunger gerieten die Männer nun immer heftiger aneinander. Als Wills Gray dabei erwischte, wie er sich am Mehl vergriff, bestrafte ihn Burke mit Prügel. Als kein Mehl und keine Kekse mehr übrig waren, schlachteten die Männer ihre Pferde. Trotzdem wurde Gray so schwach, dass er auf seinem Kamel festgebunden werden musste. 112 Kilometer vor Cooper Creek starb er.

Seine erschöpften Gefährten gruben ihm mit bloßen Händen ein Grab, weil sie kein anderes Werkzeug hatten. Dieser letzte Freundschaftsdienst kostete die drei Überlebenden einen ganzen Tag.

Drei Tage später sahen sie Cooper Creek in der Ferne auftauchen. Sie hatten es geschafft! Nicht mehr lange und sie würden ihre Freunde umarmen können, in den Bach springen und Wasser durch die ausgetrockneten Kehlen rinnen lassen.

Als Burke, Wills und King das Lager erreichten, war kein Mensch zu sehen. Beim Durchsuchen des verlassenen Lagers entdeckte Wills eine Nachricht, die in die Rinde eines Baumes eingeritzt war:

FLÜSSE UND GEWÄSSER
Nach Regenfällen tauchen im australischen Hinterland Flüsse und Seen wie aus dem Nichts auf. Dann trocknen sie wieder aus. In der Wüste überlebt nur, wer Wasserstellen zu finden versteht.

DURCH DIE WÜSTE
Burke führte seine Männer von Melbourne an Australiens fruchtbarer Südostküste aus fast auf direktem Wege nordwärts zum Golf von Carpentaria, 2250 km weit weg. Sie wollten genauso zurückkehren.

DIG 3 FT NW. APR 21 1861. (Grabt einen Schritt in nordwestlicher Richtung. 21. April 1861)

»21. April?«, dachte er. »Das ist heute!«

Die drei Männer scharrten im sandigen Boden und fanden, einen halben Meter tief vergraben, eine Kiste mit Lebensmitteln. Darunter lag eine Flaschenpost. Sie lasen mit Bestürzung, dass die drei Gefährten das Lager verlassen hatten. Das war zwar erst acht Stunden her, aber Burke, Wills und King wussten, dass sie sie mit ihren beiden geschwächten Kamelen nicht einholen würden.

Die drei machten sich auf den Weg zur nächstgelegenen europäischen Siedlung am 240 Kilometer entfernten Mount Hopeless. Ein schwerer Fehler. Die Kleider hingen ihnen in Fetzen vom Körper. Die letzten Vorräte waren bald verbraucht, und der Durst wurde unerträglich.

Nach zwei Monaten konnte sich Wills nicht mehr auf den Beinen halten. Er drängte die Gefährten, ohne ihn weiterzuziehen. Wenige Tage später starb Burke. Als King zurückkehrte, um nach Wills zu sehen, traf er auch ihn nur noch tot an. In seiner Verzweiflung wandte er sich an die Aborigines, die er einst verachtet hatte. Sie gaben ihm Obdach und Nahrung, bis zwei Monate später ein Suchtrupp auftauchte. Zuerst erkannten ihn seine eigenen Leute nicht wieder. »Wer in aller Welt bist du?«, fragte einer. Die ausgemergelte, sonnenverbrannte Gestalt antwortete: »Ich bin King ... der einzige Überlebende der Expedition.«

Mit den Lebensmitteln war eine Nachricht vergraben.

WIE ES WEITERGING ...

Burke hätte sich nicht so sehr zu beeilen brauchen. Stuarts Expedition war schon gescheitert, noch bevor Burke sich mit seiner Mannschaft auf den Weg gemacht hatte. Die Rückkehr Kings sorgte zu Anfang für eine Sensation, aber schon bald war der bescheidene Kameltreiber vergessen. Dagegen wurde Burke, dem wichtigtuerischen Helden, und seinem treuen Gefährten Wills ein Denkmal errichtet.

LAND DER ABORIGINES
Man nimmt an, dass die Aborigines seit über 40000 Jahren in Australien leben. Ihr überliefertes Wissen befähigt sie, selbst in kargen und unwirtlichen Regionen Nahrung und Wasser zu finden. In ihren Lagern brennen nachts rauchende Feuer gegen die Kälte und zur Abwehr von Insekten.

» Nur größtes Glück kann uns noch retten. «

WILLIAM WILLS

NED KELLYS LETZTES GEFECHT

Was zuvor geschah ...

Im Juni 1880 waren Ned Kelly und seine Bande nach mehreren Banküberfällen in der australischen Provinz Victoria auf der Flucht. Sie hatten unterwegs drei Polizisten erschossen. Sie wussten, dass die Polizei zu ihrer Ergreifung einen Eisenbahnwaggon voller Beamter auf den Weg geschickt hatte. Sie brachen am Sonntag, dem 27. Juni, vor dem Dorf Glenrowan einen Schienenstrang auf. In einem nahe gelegenen Hotel warteten sie darauf, dass der Zug entgleiste.

DER STRAUCHDIEB Edward »Ned« Kelly (1855–1880) war Australiens berühmtester »Bushranger«, also einer von den Banditen, die im dünn besiedelten Hinterland der Küstenstädte Reisende und Siedler beraubten.

DEN GANZEN SONNTAG ÜBER WARTETE DIE BANDE auf den Zug. Als es Abend wurde, wollte Ned Kellys Bruder Dan verschwinden, doch Ned weigerte sich. »Ich bin es leid immer abzuhauen«, sagte er. Also warteten die vier Männer weiter, tranken und tanzten zum Zeitvertreib mit den Dorfbewohnern.

Früh am Montagmorgen war sogar Ned bereit sich davonzumachen. Doch zuerst einmal sprang er auf einen Stuhl und hielt eine Rede über die Heldentaten seiner Bande und über ihren Hass auf die Polizei. Das Rumpeln eines heranrollenden Zuges unterbrach ihn. Die Polizei kam! Doch anstatt am Bahnhof vorbeizudampfen, aus den zertrümmerten Schienen zu springen und in die Schlucht zu stürzen – wie es die Bande geplant hatte – blieb der Zug stehen.

»Sie kommen. Wir müssen kämpfen!«, brüllte Ned, als er sah, dass bewaffnete Polizisten herbeischlichen, um das Hotel zu umstellen. Von den Fenstern aus sah die Bande, wie sich im schwachen Mondlicht Schatten auf sie zu bewegten. Ned kroch nach draußen und eröffnete das Feuer. Sofort schossen die Polizisten zurück. Bald krachte es überall und die Schreie verängstigter Dorfbewohner gellten durch das Hotel.

Als es dämmerte, tauchte hinter dem Ring, den die Polizei um das Hotel geschlossen hatte, eine große Gestalt aus dem Nebel auf. Ein erschrockener Polizist hielt sie für Bunyip, ein Sumpfungeheuer aus den Legenden der

Aborigines. Ein anderer vermutete richtig, dass es sich nur um ein Bandenmitglied handeln konnte.

»Er hat eine eiserne Rüstung an!«, rief der Polizist.

Tatsächlich! Da stand Ned. Unter seinem grauen Mantel trug er eine Art Rüstung, die aus eisernen Pflugteilen zusammengesetzt war. Als die Schießerei begann, hatte er nicht mehr ins Hotel zurückkehren können und sich bis zum Tagesanbruch in einem Schlupfwinkel versteckt gehalten. Nun ging er ruhig auf die Polizisten zu und feuerte, während neun Gesetzeshüter zurückschossen.

Immer wenn ihn eine Kugel traf, zögerte Ned einen Moment lang, rückte dann aber weiter vor. Er lachte über seine Gegner und tippte mit dem Revolver an seine Rüstung, um zu zeigen, dass Kugeln ihm nichts anhaben konnten. Da fiel einem Polizisten auf, dass Neds Füße ungeschützt waren, und er feuerte seine Waffe darauf ab. Als Ned ins Stolpern geriet und versuchte, das Gleichgewicht zu halten, verrutschte seine Rüstung ein wenig. Sorgfältig zielte der Beamte auf den nun freiliegenden Oberschenkel. Sein Schuss brachte den Eisenmann zu Fall. »Ich bin erledigt!«, rief Ned. Die Polizisten eilten herbei, um ihn festzunehmen.

Unterdessen dauerte die Belagerung des Hotels an. Schließlich legten die Polizisten Feuer. Darin kamen die restlichen Bandenmitglieder um. Ned wurde vor Gericht gestellt und des Mordes an einem Polizisten für schuldig befunden. Am 11. November 1880 starb er am Galgen.

Rüstung und Helm wogen zusammen 44 Kilogramm.

Eine Polizeikugel verwundete Ned am Fuß.

NED KELLYS VERFOLGER
Nach der Festnahme Kellys posierten die Polizisten vor der Kamera, doch Kelly galt als der wahre Held. Obwohl er geraubt und gemordet hatte, bewunderte das Volk seine Angriffe auf die Reichen und Mächtigen. Wie viele andere einfache Australier waren auch Neds Eltern Sträflinge gewesen. Die Polizei war allgemein unbeliebt. Man glaubte, dass sie Kelly zu seinen Verbrechen getrieben hatte.

NEDS RÜSTUNG
Neds Rüstung war grob aus Pflugscharen zusammengestückelt und bedeckte Brust, Bauch, Rücken und Oberschenkel. Ein schwerer, dosenförmiger Helm schützte seinen Kopf. Hände, Arme und Unterschenkel waren jedoch ohne Schutz. Der Arzt, der Ned untersuchte, stellte später fest, dass Kelly von zwei Geschossen und einem halben Dutzend Schrotkugeln getroffen worden war. Aber die australische Überlieferung übertrieb seine Stärke: Der Bushranger-Legende zufolge musste sich Ned erst nach 28 Treffern geschlagen geben.

EIN AFRIKANISCHES ABENTEUER

Was zuvor geschah ...

Es war zu Mary Kingsleys Zeit noch eine Seltenheit, dass sich eine Frau allein auf die Reise in fremde Länder begab. Mary fuhr 1893 an die afrikanische Westküste und wählte zu ihrer Begleitung ausschließlich afrikanische Führer – auch das war damals sehr untypisch für eine Europäerin. Sie erkundete fremde Regionen, durchquerte unwegsame Sümpfe, befuhr reißende Flüsse und trotzte Krokodilen, Blutegeln und Insekten, von denen manche so groß »wie fliegende Hummer« waren.

EINE MUTIGE FRAU
Als 1892 ihre Eltern starben, machte sich die wagemutige Engländerin Mary Kingsley (1862–1900) auf die Suche nach Abenteuern. Mit einem Revolver und mit Tauschwaren ausgerüstet, fuhr sie auf einem Dampfschiff nach Westafrika ins heutige Gabun. Das Buch, in dem sie ihre Abenteuer beschrieb, machte sie berühmt.

MARY KONNTE NICHT EINSCHLAFEN. Durch die dünnen Wände ihrer Hütte aus Palmenblättern drangen die qualvollen Rufe eines Leoparden. Sie hatte ihn Stunden zuvor bei ihrer Ankunft im Dorf gesehen. Er war zufällig in eine Falle geraten und versuchte, sich daraus zu befreien. Das wütende Tier tobte so sehr, dass sich ihm niemand zu nähern wagte. Aber Mary hatte Mitleid. Barfüßig schlich sie in die Dunkelheit hinaus und achtete bei jedem Schritt darauf, dass sie nicht auf eine Schlange oder ein stechendes Insekt trat. Die Schreie des Leoparden machten es ihr leicht, die Stelle mit der Falle zu finden. Noch ehe sie im Dunkeln seine Gestalt erkennen konnte, sah sie seine glühenden Augen auf sich gerichtet.

Weil es ihr so Leid tat, wollte Mary das Tier befreien. Gleichzeitig fürchtete sie seine tödlichen Zähne und Klauen. Also legte sie sich einen Plan zurecht.

Marys Hütte bestand zum großen Teil aus Palmenblättern.

Der Ogowe fließt durch dichten Regenwald.

Die Falle wurde von mehreren Pflöcken gehalten, die in den Boden geschlagen worden waren. Der Leopard war nicht stark genug, um sie alle herauszureißen. Deshalb beschloss Mary, sie bis auf einen selbst herauszuziehen. Dann würde sie davonlaufen und das Tier könnte den letzten Pfosten aus eigener Kraft wegreißen. Sie machte sich daran, das gefährliche Vorhaben in die Tat umzusetzen.

Sie kam dem fauchenden Tier so nahe, dass es ihren Rock mit seinen scharfen Krallen zerfetzte. Wie erwartet, konnte sich der Leopard befreien, nachdem sie die Pflöcke aus dem Boden gezogen hatte. Nur gelang es ihr nicht, sich schnell genug in Sicherheit zu bringen. Das Tier hatte sie bald eingeholt und schlich witternd so dicht um sie herum, dass sie seinen heißen Atem spüren konnte. Im ersten Augenblick war sie starr vor Entsetzen. Doch dann gewann sie ihre Selbstbeherrschung wieder. »Geh nach Hause, du Dummkopf!«, befahl sie der Raubkatze. Diese blieb stehen und schaute zu ihr auf. Schließlich wandte sich das Tier ab und zog gehorsam davon.

Kaum war es in der Dunkelheit verschwunden, da hörte Mary hinter sich ein Rascheln. Plötzlich sprang jemand von einem Baum in der Nähe herunter.

Es war einer der Jäger aus ihrer Gruppe. Er war ihr nachgeschlichen, dann aber ängstlich auf den Baum geklettert, als er gesehen hatte, dass sie den Leoparden befreien wollte. Der Mann verwechselte ihre Unerschrockenheit mit übernatürlichen Kräften, warf sich vor ihr auf die Knie und sagte: »Nur eine Göttin kann es wagen, einer solch gefährlichen Bestie Gehorsam abzuverlangen.«

Der Leopard ist eines der gefährlichsten Raubtiere Afrikas.

FLUSSAUFWÄRTS
In einem Einbaum fuhr Mary auf dem Ogowe flussaufwärts. Ihre Reise führte sie in Gebiete Afrikas, die vor ihr noch kein Europäer betreten hatte.

Ein in Alkohol konservierter Rüsselfisch.

FISCHSAMMLUNG
Mary wollte nicht nur Abenteuer erleben, sondern auch fremde Fische und Insekten studieren. Sie entdeckte acht bis dahin unbekannte Fischarten.

Über die Grenzen der Welt hinaus

Zu Beginn des 20. Jahrhunderts war nur noch ein Kontinent unerforscht – die Antarktis. Wo sollten Abenteurer also noch nach Ruhm und Nervenkitzel suchen, als 1911 auch der Südpol seine Geheimnisse preisgegeben hatte? Es konnte nur noch in die Höhe gehen. So zog es die Abenteurer und Abenteurerinnen auf die höchsten Berge der Welt. Sie strebten hinauf in den kalten blauen Himmel oder sogar noch weiter weg in den Weltraum – bis hin zum Mond.

Diese wagemutigen Menschen lebten vorher in ganz normalen Familien. Zum Beispiel wuchs Yuri Gagarin, der erste Mensch im Weltall, auf einem Bauernhof auf. Der Bergsteiger Edmund Hillary war Imker, die Fliegerin Amelia Earhart Sozialarbeiterin. Man sieht: Mit Mut und Entschlusskraft kann jeder ein Abenteurer werden. Wer wird wohl der Nächste sein, und in welche Bereiche wird er vorstoßen?

Als sie auf die Mondoberfläche zusteuerten, standen die beiden Männer in der kleinen Kapsel unerwarteten Problemen gegenüber (s. S. 92).

Wettlauf zum Südpol

Was zuvor geschah ...

Die Erforschung der Pole machte 1911 Schlagzeilen. Sowohl der Engländer Robert Scott als auch der Norweger Roald Amundsen planten eine Entdeckungsreise – zu entgegengesetzten Punkten der Erde.
Sie machten sich im selben Monat auf den Weg. In Australien erfuhr Scott, dass auch Amundsens Ziel nun Südpol hieß. Aus Scotts wissenschaftlicher Expedition wurde ein Wettrennen.

Robert Scott

Roald Amundsen

POLARFORSCHER
1901 leitete der Marineoffizier Robert Scott (1868–1912) zum ersten Mal eine Expedition in die bis dahin unerforschte Antarktis. Er wollte, dass ein Engländer als erster Mensch den Südpol erreichte. Im Jahr 1909 erklärte er dann öffentlich, eine wissenschaftliche Expedition zum Südpol führen zu wollen. Der norwegische Arzt Roald Amundsen (1872–1928) gab seinen Beruf auf, um Seefahrer und Forscher zu werden. Er hoffte, als Erster den Nordpol zu erreichen. Als ihm ein anderer zuvorkam, suchte er eine neue Herausforderung: den Südpol.

Es war im Januar 1911. Fast gleichzeitig erreichten die beiden Expeditionen die Antarktis. Sie hatten zwar dasselbe Ziel, benutzten aber unterschiedliche Methoden, um dorthin zu gelangen: Amundsen wollte mit seiner Mannschaft auf Schiern zum Pol fahren und das gesamte Gepäck auf Hundeschlitten transportieren. Scott dagegen hielt nicht viel von Hunden. Außerdem waren die meisten seiner Männer schlechte Schiläufer. Daher wollte er einen Großteil seiner Ausrüstung auf Ponys und Motorschlitten befördern.

Zunächst mussten beide Teams entlang ihrer Route zum Pol Versorgungslager einrichten, ehe im April der polare Winter beginnen würde. Scott brachte nur eine Tonne an Lebensmitteln und Treibstoff nach Süden, kaum genug für eine 16-köpfige Mannschaft. Amundsen war sehr viel besser ausgerüstet; ihm standen drei Tonnen Vorräte für nur fünf Personen zur Verfügung.

Im Oktober begann der Wettlauf. Weil es keinen Funkverkehr gab, wusste niemand, welche Gruppe zuerst gestartet war. Scott schickte einen Vortrupp mit Motorschlitten auf den Weg. Doch der sollte nicht weit kommen – die Schlitten gingen bald kaputt. Weil wichtige Ersatzteile fehlten, ließen die Männer sie zurück und gingen zu Fuß weiter.

Inzwischen hatte Amundsens Team das Transantarktische Gebirge bereits überquert. Auf der Südseite angelangt, erschossen seine Leute einige Hunde. Einen Teil des Fleisches bekamen die verbleibenden 18 Tiere. Den Rest ließen sich die Männer schmecken.

560 Kilometer entfernt von den Norwegern drückten die Engländer aufs Tempo. Doch die hungernden Ponys wurden krank. Um schneller weiterzukommen, wählte Scott vier Männer aus seiner Gruppe aus, mit denen er zum Pol vorstoßen wollte. Die übrigen kehrten zurück.

Scott und seine Begleiter mussten nun die schweren Schlitten selbst ziehen. Wo mochte Amundsen jetzt wohl sein? Würden sie den Pol vor ihm erreichen?

Auch Amundsen plagten Zweifel, doch am 15. Dezember ließen die norwegischen Hundeführer mit neuem Mut ihre Peitschen knallen.

Direkt hinter dem Horizont lag der Pol. Ihre einzige Frage war: Würde dort etwa schon die englische Fahne im eisigen Wind flattern? Doch weit und breit war keine Fahne in Sicht – nur pulvriger Schnee. Sie hatten es geschafft! Bevor sie den Rückweg antraten, nahmen sie ein Foto auf und stießen ihre Landesfahnen in den Schnee. Außerdem ließen sie einen Brief an den König von Norwegen zurück und fügten eine Bitte an Scott bei, diesen weiterzuleiten, falls sie es nicht bis zurück nach Hause schaffen würden.

Einen Monat später kam das englische Team müde und hungrig ans Ziel und sah die Fahnen der Konkurrenz im Wind wehen. Bitter enttäuscht schrieb Scott in sein Tagebuch: »Großer Gott! Was für ein schrecklicher Ort ...«

Aber noch viel schrecklicher wurde der Weg zurück. Erschöpft und ausgehungert, wie die fünf Männer waren, ließen ihre Kräfte immer mehr nach. Titus Oates konnte eine erfrorenen Glieder kaum noch bewegen. Weil er sah, dass er die anderen nur aufhielt, legte er sich zum Sterben in den Schnee. Doch sein Opfer konnte die Gefährten nicht mehr retten. Lebensmittel, Treibstoff und Körperkraft waren aufgezehrt. Die glücklosen Entdecker mussten sterben.

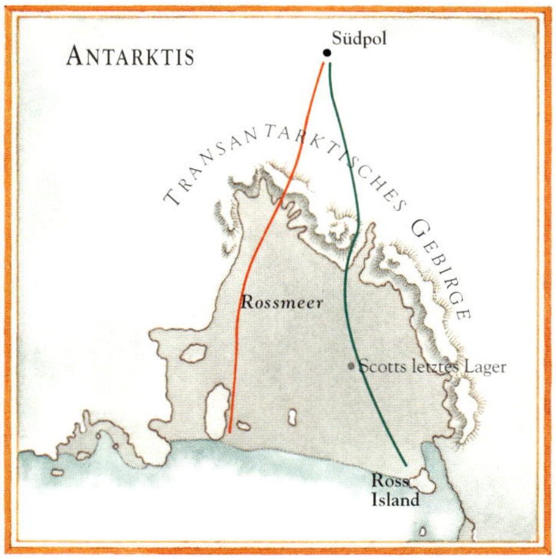

Amundsens Route, 1911–1912

Scotts Route, 1911–1912

ZWEI ROUTEN ZUM POL
Sowohl Amundsen als auch Scott errichteten ihre Basislager auf dem Eismeer, etwa 1350 Kilometer vom Südpol entfernt. Nachdem sie das Eis und die Gebirgskette überquert hatten, zogen sie über das Hochplateau dem Pol entgegen. Beide wollten auf ihren eigenen Spuren zu ihren Stützpunkten zurückkehren.

»Der Sieg wartet auf die Umsichtigen – die Leute nennen das Glück.«

ROALD AMUNDSEN

WIE ES WEITERGING ...
Amundsen kehrte nach Norwegen zurück, wo man ihn ohne größeres Aufsehen willkommen hieß. Die Engländer dagegen machten Scott zu einem tragischen Helden, nachdem die Nachricht vom Scheitern seiner Expedition bekannt geworden war.

DER ROTE BARON

Was zuvor geschah …

Während des Ersten Weltkriegs lagen sich im Norden Frankreichs deutsche und englische Truppen in lehmigen Schützengräben gegenüber. Stacheldraht und Stellungen mit Maschinengewehren machten ein Vorankommen am Boden unmöglich, darum wurde die Schlacht am Himmel ausgetragen. In leichten Flugzeugen machten die Piloten tödliche Jagd aufeinander.

OBWOHL DAS LEBEN DES PILOTEN von Richthofen heute bei uns anders beurteilt wird, galt er zu seiner Zeit – und in England noch heute – als einer der herausragendsten Kampfflieger, dessen Leben in Büchern wie Liedern immer wieder dargestellt wird. Manfred von Richthofens Maschine stieg bei strahlendem Sonnenschein in den Himmel empor. Bald war die Rollbahn unter ihm nur noch als schmaler Streifen zu erkennen. Nach knapp einer Stunde entdeckte er drei britische Kampfflugzeuge vom Typ *De Haviland DH2*. An der Art, wie sie flogen, erkannte er, dass sie – genau wie er selbst – auf einen Kampf aus waren. Richthofen wusste, dass sie ihn bald entdecken und jagen würden. Kurz darauf löste sich der kleine Verband tatsächlich auf. Eine Maschine tauchte zu

DER JAGDFLIEGER
Manfred von Richthofen (1892–1918) stammte aus einer wohlhabenden Familie. Schon als Junge war er ein Draufgänger. Mit zehn Jahren kletterte er auf eine Kirchturmspitze und knotete sein Taschentuch an den Blitzableiter. Von seinem elften Lebensjahr an besuchte er eine Kadettenschule. Ab 1915 diente er der kaiserlichen Luftwaffe als Jagdflieger.

Deutsche Maschinengewehre konnten durch die Propeller schießen. Mit den britischen Bordwaffen war dies nicht möglich. So musste der Pilot vor dem Propeller sitzen.

ihm herab, und ihr Pilot eröffnete das Feuer. Um dem Beschuss auszuweichen, riss er seine Maschine herum. Die *DH2* folgte dichtauf. Ohne es zu wissen, hatte sich Richthofen auf einen Kampf mit einem der besten britischen Piloten eingelassen. Major Lanoe Hawker hatte schon neun deutsche Maschinen abgeschossen und trug die höchste Tapferkeitsmedaille seines Landes.

Die beiden Piloten flogen in Spiralen umeinander. Keiner kam dem anderen nahe genug, um auf seine Maschine feuern zu können. Auch wagte keiner von beiden, seinen Kurs zu verlassen, weil der andere dann sofort folgen und sein Flugzeug abschießen würde. Schneller und schneller flogen sie. Anfangs zählte Richthofen die einzelnen Kreisbögen mit, gab aber bei 50 auf. Schließlich verlor Hawker die Nerven. Er scherte aus dem Kreis aus. Richthofen war dicht hinter ihm. Beide Maschinen streiften fast die Baumwipfel, als Richthofen den Abzug seiner Maschinengewehre drückte. Im Zickzackflug wich der Brite den Kugeln aus. Als Richthofen den Gegner wieder im Visier hatte, klemmten plötzlich seine Geschütze! Hawker drohte zu entwischen. Nach mehreren Fehlversuchen feuerten die Waffen wieder. Richthofen sah den britischen Flieger vor sich zu Boden stürzen. Triumphierend kehrte er zurück.

DAS VERDIENSTKREUZ
Am 4. Januar 1917 schoss Richthofen zum 16. Mal einen feindlichen Flieger ab. Damit war er der erfolgreichste Pilot seines Landes. Der deutsche Kaiser zeichnete ihn mit der höchsten militärischen Ehrung aus und verlieh ihm das Verdienstkreuz mit der Aufschrift »Pour le mérite« (für große Verdienste).

WIE ES WEITERGING …

In den folgenden 17 Monaten schoss Richthofen noch 69 weitere Flugzeuge ab. Deutschland feierte ihn als Helden, und man verlieh ihm das Verdienstkreuz. Die Schwadron, die unter seinem Kommando stand, flog in roten Maschinen: Das trug ihm den Beinamen »der Rote Baron« ein. Mit jedem Flug setzte Richthofen sein Leben aufs Spiel. Am 21. April 1918 wollte er seinen 81. Sieg erringen und vergaß darüber alle Vorsicht. Er jagte ein britisches Flugzeug, eine *Sopwith Camel*, und holte rasch auf. Diesmal aber stand der Wind für ihn ungünstig und trieb ihn über feindliches Gebiet. Sein Dreidecker wurde vom Feuer des gegnerischen Fliegers sowie einer Flakstellung (Flugabwehr) am Boden in tausend Teile zerfetzt. Den Roten Baron tötete eine einzige Kugel.

Von Richthofens abgestürzter Dreidecker wurde von gegnerischen Soldaten ausgeschlachtet.

NONSTOPP NACH PARIS

Was zuvor geschah ...

Als der Hotelier Raymond Orteig 25 000 Dollar für den ersten Nonstopp-Flug von New York nach Paris aussetzte, beschloss Charles Lindbergh, diese Prämie zu gewinnen. Die meisten seiner Konkurrenten flogen dreimotorige Maschinen und hatten zumindest einen Co-Piloten. Lindbergh konnte sich nur einen einzigen Motor leisten und musste auf Begleitung verzichten, weil er Platz für die Treibstofftanks brauchte. Er wusste, dass er sein Leben riskierte.

FLIEGER AUS LEIDENSCHAFT Der Amerikaner Charles Lindbergh (1902–1974) brach sein Universitätsstudium ab, um fliegen zu lernen. Nach dem Ersten Weltkrieg erstand Lindbergh seine erste Maschine. Seinen Lebensunterhalt bestritt er als Postflieger und Fluglehrer. Außerdem arbeitete er als Schauflieger. Die Zuschauer zahlten hohe Eintrittsgelder, um seine Kunstflüge vom Boden aus bestaunen zu können. Lindberghs geglückte Atlantiküberquerung vom 20. auf den 21. Mai 1927 veränderte sein Leben.

LINDBERGHS FLUGZEUG, DIE *SPIRIT OF ST. LOUIS*, war sehr klein und mit achteinhalb Metern nicht länger als ein Reisebus. Der Treibstoff steckte in Tanks unter den Flügeln und im Rumpf. Der größte Tank befand sich vor dem Cockpit und versperrte dem Piloten die Sicht. Um nach vorn sehen zu können, musste sich Lindbergh entweder aus dem Fenster lehnen oder ein Periskop (Sehrohr) benutzen.

Auf der regennassen Startbahn rief Lindbergh: »Los!« Sein Mechaniker drehte den Propeller, um den Motor zu starten. Dies war ein gefährlicher Moment im Leben des jungen Piloten. Denn wenn er beim Start abstürzte, würden die randvollen Tanks explodieren und ihn auf der Stelle töten. Bei derartigen Unfällen waren schon vier Piloten umgekommen, die den Orteig-Preis gewinnen wollten. Dennoch zögerte er keinen Augenblick.

Die Spirit of St. Louis hoppelte über die grasbewachsene Rollbahn und gewann allmählich an Geschwindigkeit. Lindbergh zog den Steuerknüppel zu sich heran. Die Maschine hob vom Boden ab!

Nach 13 Stunden in der Luft stellte sich ein Problem ein. Als Lindbergh durch eine Wolke flog, bemerkte er, dass die Flügel vereisten. Falls sich die Eiskruste verstärkte, würde die Maschine immer langsamer werden. Lindbergh versuchte Ruhe zu bewahren und flog aus der Wolke heraus. Immer wieder warf er einen Blick auf die Flügel und stellte zu seiner Erleichterung fest, dass sich die Eiskruste zurückbildete. Er musste also vermeiden, durch Wolken zu fliegen, obwohl solche Umwege zusätzlich Treibstoff kosten würden. Nach und nach ließ Lindberghs Konzentration nach. Er kämpfte gegen die Müdigkeit und wusste bald kaum noch, ob er wach war oder träumte. Jedes Mal, wenn er einnickte, kam die Maschine gefährlich vom Kurs ab.

Er war nun schon 27 Stunden in der Luft und hatte keine Ahnung, wo er sich befand.

Doch plötzlich fielen ihm Veränderungen an der Wasseroberfläche unter sich auf. Er sah einen Tümmler springen, eine Möwe kreisen und – zu seiner großen Freude – Fischerboote. Die Küste konnte nicht mehr weit sein. Er senkte die Maschine so tief ab, dass sie fast die Wellen streifte. Dann drosselte er den Motor, um den Lärm zu mindern, und brüllte: »Wo liegt Irland?« Die Fischer waren wie vom Donner gerührt. Sie starrten zu ihm empor, konnten aber kein Wort verstehen. Aus Angst, auf dem Wasser zu zerschellen, stieg Lindbergh wieder auf und flog weiter.

Minuten später sah er Land. Aber wo war er? Nach seinen Berechnungen lag Irland noch drei Flugstunden weit entfernt. Doch anhand seiner Karten erkannte er den Küstenverlauf wieder. Er war im Südwesten der Insel!

In weitem Bogen kreiste Lindbergh über leuchtend grüne Weiden hinweg. Er drehte noch zwei Runden und studierte dabei seine Karten. Doch als er wieder aufblickte, sah er kein Land mehr unter sich! Lindbergh bewahrte Ruhe, und als er einen Blick über die Schulter warf, sah er Irland hinter sich liegen. Er war auf dem Weg zurück nach Amerika! Schnell korrigierte er den Kurs und flog über Irland und England hinweg auf Frankreich zu. Gegen Mitternacht würde er sein Ziel, Paris, erreichen. Als er dort landete, durchbrachen 25 000 Menschen die Absperrungen der Polizei. Ein Meer von Händen hob den müden Piloten hoch und trug ihn durch die Masse. Lindbergh war berühmt!

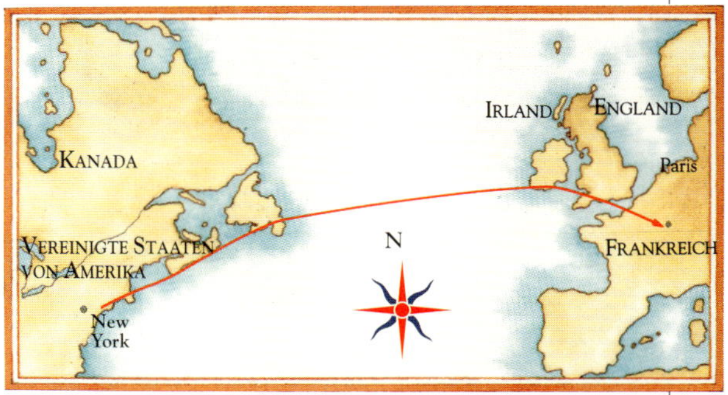

ATLANTIKÜBERQUERUNG
Lindberghs Flug von New York nach Paris dauerte ganze 33,5 Stunden. Heute schafft ein Überschallflugzeug die Strecke in knapp drei Stunden.

SCHAUFLÜGE
Seinen Bewunderern zuliebe unternahm Lindbergh noch eine Reihe weiterer Flüge.

DAS GROSSE LUFTDERBY

Was zuvor geschah ...

Amelia Earhart hatte schon einmal den Atlantik überquert und wollte dieselbe Strecke nun im Alleinflug zurücklegen. Ihr war jedoch klar, dass sie für einen solchen Versuch mehr Flugerfahrung brauchte. 1929 half sie, einen Flugwettbewerb für Frauen quer über die USA hinweg zu organisieren. Von diesem Rennen erhoffte sie sich die nötige Erfahrung. Die Strecke führte von Kalifornien nach Cleveland, Ohio. Gewinnen sollte die Pilotin mit der geringsten Gesamtflugzeit.

PIONIERZEIT DER FLIEGEREI
Nach ihrem ersten Flug kam die Sozialarbeiterin Amelia Earhart (1897–1937) von der Fliegerei nicht mehr los. Sie nahm Unterricht, den sie von ihrem Zusatzverdienst als Würstchenverkäuferin finanzierte. Bald kaufte sie ihr erstes Flugzeug und flog 1922 höher hinaus als jede andere Frau vor ihr. Berühmt wurde sie als die erste Frau, die fliegend den Atlantik überquerte – wenn auch nur als Passagier.

AMELIA WUSSTE, DASS BESSERE PILOTINNEN als sie an den Start gehen würden. Aber sie glaubte, mit einem schnellen Flugzeug eine Chance zu haben.

Sie kaufte das schnellste, das erhältlich war – eine *Lockheed Vega*. Diese große Transportmaschine war vollkommen anders als die Flugzeuge, die sie bisher geflogen hatte.

Am ersten Renntag versammelte sich eine große Menge, um die Frauen und ihre bunten Maschinen zu bewundern. Die Teilnehmerinnen starteten jeweils im Abstand von einer Minute zu ihrem halbstündigen Flug und drehten

gleich darauf ostwärts auf die kalifornische Stadt San Bernadino zu. Unter den Ersten war Amelia allerdings nicht. Motorprobleme hatten sie zurückgeworfen.

Am zweiten Tag ging es darum, die lange Strecke nach Phoenix in Arizona zurückzulegen. Die Pilotinnen mussten sich mit Hilfe von Kompass und Straßenkarten über der brennend heißen Wüste zurechtfinden.

Es gab Gerüchte über Sabotageakte, so dass alle nervös waren. Der Argwohn nahm noch zu, als ein Mechaniker versehentlich Öl in den Treibstofftank eines der Flugzeuge schüttete. Der Fehler war aber bald behoben.

Für Amelia wendete sich nun das Blatt. Sie machte die verlorene Zeit gut und übernahm sogar die Führung. Doch die *Vega* war schwierig zu fliegen; der große Motor entwickelte sehr viel Hitze, die sich im Cockpit unangenehm auswirkte. Mit Erleichterung sah Amelia schließlich das Rollfeld in der Wüste, auf dem alle Wettbewerberinnen zum Nachtanken zwischenlanden sollten. Sie senkte ihre Maschine zum Landeanflug. Die Luft über dem verbrannten Boden flirrte vor Hitze. Den Steuerknüppel nach vorn gedrückt, schwebte Amelia auf die Rollbahn zu.

Doch in Bodennähe geriet die *Vega* ins Schlingern. Verzweifelt bemühte sich Amelia, die schwerfällige Maschine unter Kontrolle zu halten.

Zu spät fiel ihr auf, dass das große Flugzeug in der heißen Wüstenluft nicht genügend Auftrieb hatte. Hüpfend und quietschend setzte es auf

dem Boden auf. Amelia zog mit aller Macht die Bremsen, aber die Vega rollte zu schnell. Es war schwierig, die Spur zu halten. Der Wind hatte die Rollpiste mit Sand zugedeckt und plötzlich kam ein Rad von der Bahn ab. Sofort brach die Maschine zur Seite aus und kam mit einem gewaltigen Ruck abrupt zum Stehen.

Schwankend, aber unverletzt kletterte Amelia aus dem Cockpit. Ein Propeller hatte sich bei der unsanften Landung verbogen und war nicht mehr zu reparieren. Amelia sank der Mut. War das Rennen für sie etwa nun zu Ende? Doch sportlich fair einigten sich die Mitstreiterinnen darauf, das Rennen erst fortzusetzen, wenn ein Ersatzpropeller beschafft worden wäre. Nach der Reparatur übernahm Amelia erneut die Führung, doch dann fiel sie zurück, weil sie vom richtigen Kurs abkam.

Am Ende kam sie als Dritte ins Ziel, was sie persönlich sehr enttäuschte. Das Rennen war dennoch ein Erfolg. Davor hatten Männer fliegende Frauen nur belächelt. Hinterher erkannten sie aber viele als gleichwertige Piloten an.

JEAN BATTEN

Zur selben Zeit wie Amelia Earhart vollbrachten auch andere Pilotinnen Leistungen, die Geschichte machten. 1935 flog die Neuseeländerin Jean Batten als erste Frau (1909–1982) allein von Brasilien nach Großbritannien. Sie erzielte sogar einen Rekord. Auch auf ihrem Flug von England nach Neuseeland war sie die Schnellste.

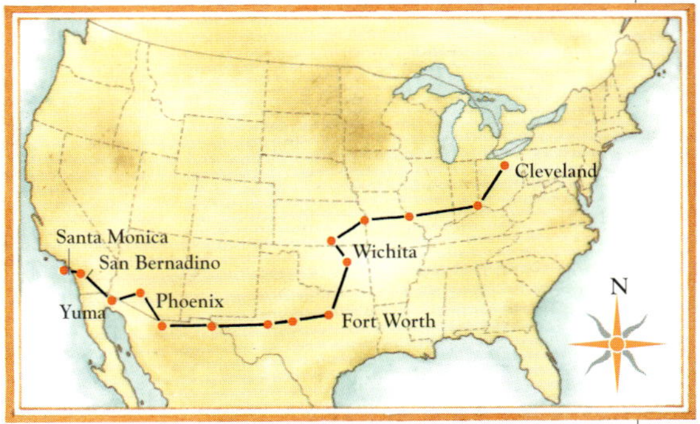

STARTS UND LANDUNGEN

Die Teilnehmerinnen legten während ihres Wettflugs 13 Zwischenlandungen ein, um zu tanken. Die damaligen Maschinen waren noch recht langsam. Die *Lockheed Vega* schaffte in einer Stunde höchstens 240 Kilometer.

WIE ES WEITERGING …

Amelia Earhart sammelte im Verlauf des Flugwettbewerbs viele Erfahrungen. Als erste Frau flog sie 1932 über den Atlantik. Fünf Jahre später wagte sie den wiederholten Versuch, die Erde zu umrunden, kam aber ums Leben, als ihre Maschine in den Pazifik stürzte.

AUF DER KON-TIKI

Was zuvor geschah ...

Der Norweger Thor Heyerdahl baute 1947 ein Floßboot aus Balsaholz, um auf ihm die Seereisen der antiken Völker Südamerikas nachvollziehen zu können. Er glaubte, dass sie schon 800 Jahre zuvor auf ähnlichen Flößen weit in den Pazifik hinaus gelangt waren und einige Pazifikinseln besiedelt hatten. Heyerdahls Ideen wurden belacht. Man glaubte, dass das Floß sinken würde. Doch Heyerdahl ließ sich nicht beirren.

DAS *KON-TIKI*-TEAM
Von links nach rechts: Knut Haugland, Bengt Danielsson, Thor Heyerdahl (Leiter), Erik Hesselberg, Torstein Raaby und Hermann Watzinger.

SCHWARZER RAUCH QUOLL AUS DEM SCHORNSTEIN des Schleppkahns, der am 28. April den kleinen peruanischen Hafen Callao verließ. Er war nicht groß, überragte aber das Floß aus Balsaholz, das er hinter sich her zog, um etliches. Die Männer an Bord des Floßes waren auf eine lange Fahrt zu den verstreut liegenden Inseln im Stillen Ozean vorbereitet.

Als sie die stark befahrenen Wasserstraßen in Küstennähe hinter sich gelassen hatten, lösten sie die Seile, und der Schleppkahn drehte bei. Dann hissten sie das grob gewebte quadratische Segel. Die Reise begann.

Die sechsköpfige Besatzung musste noch viel lernen. Das Floß war nach den Beschreibungen antiker Boote aus Südamerika gebaut worden, doch kein lebender Skipper konnte wirklich damit umgehen. Anfangs hing das Segel schlaff herab, und die Männer fluchten über den schwachen Wind. Als er dann aber auffrischte, waren sie nicht auf seine Heftigkeit vorbereitet. Zum Steuern diente ein langes Ruder im Heck. Seine Handhabung kostete sehr viel Kraft. Die Abenteurer fühlten sich mit ihrem Floß auf dem Meer wie zu Hause. Haie umkreisten sie, griffen aber kein einziges Mal an.

Während der ersten zehn Wochen schien sogar das Wetter die *Kon-Tiki* zu mögen. Doch Anfang Juli zogen von Süden her dunkle Wolken auf. Ein starker Wind kam auf und peitschte wuchtige Wellen gegen das zerbrechliche Floßboot. In ihrer Angst, dass es zerschellen könnte, seilten die Männer alles zusätzlich an, zuletzt auch sich selbst. Aber das Floß widerstand dem Sturm.

Dennoch wurden eines Tages ihre schlimmsten Befürchtungen wahr. Hermann, der Meteorologe (Wetterkundler) im Team, maß gerade die Windgeschwindigkeit, als eine Böe einen der

DIE ROUTE DER *KON-TIKI*-EXPEDITION
Getragen von dem mächtigen Humboldtstrom, der an der Westküste Südamerikas entlangfließt, fuhr die *Kon-Tiki* über 8000 Kilometer weit durch den Stillen Ozean (Pazifik).

Schlafsäcke von Bord blies. Als er ihn zu fassen versuchte, rutschte er auf den nassen Planken aus und stürzte ins Wasser.

Seine Rufe alarmierten die anderen, aber ohne Motor ließ sich die *Kon-Tiki* nicht manövrieren. Hermann versuchte, das Ruder zu ergreifen, doch es glitt ihm immer wieder aus den Händen. Die Rettungsleine, die die anderen auswarfen, wurde vom Wind immer wieder zurück an Bord getrieben.

Kurz entschlossen sprang Knut mit einem Rettungsring ins Wasser. Es schien den anderen wie eine kleine Ewigkeit, bis die beiden wieder zwischen den Wellenbergen auftauchten. Beide hielten sich an dem Rettungsring fest. Sehr erleichtert holten die Männer auf dem Floß die Leine mit dem Ring ein und halfen den Kameraden zurück an Bord.

Die Kon-Tiki *hatte zwei aneinander gebundene Masten und ein quadratisches Segel.*

Die Crew konnte nicht verhindern, dass die Kon-Tiki auf das Raroia-Atoll auflief. Die Insel ist 34 Kilometer lang und 14,5 Kilometer breit.

FLIEGENDE FISCHE
Die Crew ernährte sich auch von fliegenden Fischen, die, von anderen Fischen gejagt, mitunter auf dem Floß landeten. Dank ihrer flügelartig vergrößerten Flossen können sie bis zu einer halben Minute durch die Luft segeln.

Ihren Berechnungen zufolge musste nach drei Monaten auf hoher See bald Land in Sicht kommen. Zu den Seevögeln, ihren ständigen Begleitern, gesellten sich nun auch schon Landvögel. Doch selbst von der Mastspitze aus konnten sie nirgends eines der herbeigesehnten Korallenatolle entdecken. Da diese in der Regel sehr flach sind, fürchteten die Männer, ganz dicht an ihnen vorbeizusegeln, ohne sie zu bemerken.

Schließlich verrieten ihnen nicht die Augen, sondern die Ohren, dass sie sich festem Land näherten. Lärmende Landvögel ließen die Männer in der Nacht auf den 30. Juli keinen Schlaf finden. Bei Tagesanbruch erkannten sie am Horizont einen Landstreifen. Es war geschafft! Thor Heyerdahl hatte Recht behalten.

Die Fahrt war allerdings noch nicht beendet. Es zeigte sich, dass es genauso schwierig war, an einer der Inseln an Land zu gehen wie überhaupt dorthin zu gelangen. Das plumpe Floß trieb träge voran. Das einfache Ruder kam gegen die Wellen des Pazifiks nicht an. Selbst mit Hilfe einiger Insulaner, die in langen Kanus durch eine Lücke im Riff herbeipaddelten, gelang es Heyerdahl und seinen Männern nicht, das Floß zu wenden und ihnen zu folgen.

Plötzlich entdeckte Torstein ein großes Riff, auf das sie unabwendbar zutrieben. Thor und seine Gefährten beeilten sich zu retten, was zu retten war. Sie packten ihre Wertsachen in wasserdichte Taschen und warteten auf den Aufprall.

Als sie das Riff erreichten, rollte eine gewaltige Welle über das Floß. Einen Moment lang war die *Kon-Tiki* ganz und gar untergetaucht. Die Männer konnten sich nur festklammern, um nicht von Bord gespült zu werden. Die Wellenberge zerstörten die einfache Hütte und zerschlugen die Masten. Aber Stück für Stück wurde das Floß auf das Riff geschoben.

Schließlich konnten die Männer von Bord springen. Sie bargen alle wichtigen Ausrüstungsgegenstände, luden sie in ihr Schlauchboot und wateten durch eine seichte Lagune ans Ufer einer wunderschönen, unbewohnten Insel.

Thor Heyerdahl war überwältigt. Später erinnerte er sich gern daran zurück: »Ich ließ mich auf die Knie fallen und vergrub meine Hände im trockenen, warmen Sand«.

BALSAHOLZ
Thor reiste in die Urwälder Ecuadors, um Material für sein Floß zu besorgen. Die Stämme der Balsabäume sind ein leichtes, gut schwimmendes Holz, geeignet für den Floßbau. Man ließ die Stämme auf einem Fluss aus dem Wald hinunter in die Stadt treiben, wo Thor und seine Leute daraus die *Kon-Tiki* zusammenbauten.

EINE KORALLENINSEL
Nach 101 Tagen auf See lief die *Kon-Tiki* auf ein Korallenriff auf. Korallen sind lebende Organismen, die in großen Kolonien zusammenleben. In flachem, küstennahem Gewässer bauen sie über Jahrtausende hinweg Korallenriffe. Manchmal bilden sie auch Ringe (Atoll).

AUF DEN GIPFELN DES EVEREST

Was zuvor geschah ...

Im Frühjahr 1953 kam eine internationale Expedition aus britischen und neuseeländischen Bergsteigern in Nepal an, um den Mount Everest, den höchsten Berg der Erde, zu bezwingen. Die Briten leiteten die Expedition. Zu der Gruppe gehörten aber auch zwei Neuseeländer und einige Sherpas (Angehörige eines tibetischen Stammes am Fuße des Himalaya). Vor dem eigentlichen Aufstieg trugen 350 Sherpas viele Tonnen Ausrüstung zum 5500 m hoch gelegenen Lager 1.

DIE BERGSTEIGER
Der nepalesische Sherpa Tenzing Norgay (1914–1986) hatte schon bei vielen früheren Expeditionen als Träger gearbeitet. Bei der Expedition von 1953 war er der *Sirdar* (Anführer der Träger). Der Neuseeländer Edmund Hillary (geboren 1919) war bis zu seiner Gipfelbesteigung Imker gewesen. Seitdem reist er auf der Suche nach neuen Abenteuern um die Welt.

NACH EINER KURZEN VERSCHNAUFPAUSE in Lager 1 nahm die Gruppe eine der gefährlichsten Etappen der Expedition in Angriff: Sie machte sich daran, den Eisfall des Khumbu-Gletschers zu überqueren. Dieser Strom aus Eis am Fuß des Everest ist ständig in Bewegung, wenn auch nur sehr langsam. Dabei entstehen Risse, die das Eis in riesige Blöcke spalten. Die Bergsteiger bestiegen den Gletscher mit den üblichen Hilfsmitteln wie Eispickeln und Steigeisen (Nagelsohlen, die unter die Stiefel geschnallt werden). Zur Sicherheit waren sie aneinander gebunden. Breitere Klüfte überwanden sie mit Hilfe einer aus drei Teilen bestehenden Leiter, die sie bei sich trugen. An der breitesten Spalte blieb auf beiden Seiten nur eine Armeslänge als Auflagefläche. Vorsichtig krochen Hillary, Tenzing und die anderen darüber hinweg. Die Leiter wackelte, hielt aber stand.

Die Bewältigung einer so riesigen Gletscherspalte machte den Männern Mut. Am nächsten Tag, dem 26. April, kletterten sie mit Begeisterung weiter aufwärts.

Durch den problemlosen Aufstieg wurde Hillary leichtsinnig. Am Abend eilte er auf der inzwischen vertrauten Route zurück zu Lager 1. Tenzing, der ihm am Seil folgte, musste fast rennen, um mit dem langen Neuseeländer Schritt zu halten. Hillary brauchte nur noch eine schmale Spalte zu überqueren. Doch anstatt die vorhandene Eisbrücke zu nutzen, beschloss er spontan, mit einem Satz darüber hinwegzuspringen. Als er unsanft auf der anderen Seite aufkam, ertönte ein Knacken in der eisigen Stille. Ehe er sich versah, rutschte er auf einem riesigen Eisbrocken in die blaue Tiefe des Gletschers. Instinktiv streckte er die Beine aus, schlug die Steigeisen in die Eiswand und warf sich mit den Schultern gegen die andere Seite der Spalte.

Der losgetretene Eisblock zerstob unter ihm in tausend scharfe Splitter. Über ihm reagierte Tenzing blitzartig und befestigte das Sicherungsseil.

Damit rettete er beide vor dem Absturz in ein eisiges Grab.

Unter lautem Fluchen über die eigene Dummheit kletterte Hillary wieder nach oben. Dort angekommen, stellte er zu seiner Verwunderung fest, dass Tenzing den Unfall offenbar komisch fand.

Zwei Wochen später war die Route über den Eisfall bewältigt. Der Expeditionsleiter John Hunt ließ die gesamte Mannschaft in Lager 1 antreten. Als er zu reden anfing, waren alle Augen auf ihn gerichtet. Die Männer wollten wissen, wen er für den Vorstoß zum Gipfel ausgewählt hatte.

Doch bevor er die Namen bekannt gab, zählte Hunt die Probleme auf, die sie erwarteten, insbesondere die dünne Höhenluft. Sauerstoffmangel kann bekanntlich zu Höhenkrankheit führen. Um diese Gefahr abzuwenden, sollten die Bergsteiger Sauerstoff aus geschulterten Druckflaschen atmen. Der Vorrat reichte allerdings nur für höchstens zwei Besteigungsversuche.

Endlich las Hunt die Namen derer vor, die er für den ersten Vorstoß vorgesehen hatte: Charles Evans und Tom Bourdillon würden die erste Gruppe leiten, Edmund Hillary und Tenzing Norgay die zweite.

Falls die anderen enttäuscht waren, vergaßen sie das im Laufe der zwei arbeitsamen Wochen, die nun folgten. Sie mussten Proviant und Ausrüstung den Gletscher hinaufschleppen und auf mehrere Lager verteilen.

Hätte Tenzing nicht so schnell reagiert, wäre er von Hillary mit in die Spalte gerissen worden.

Steigeisen gaben Halt an der Eiswand.

DIE ROUTE ZUM GIPFEL
Die Bergsteiger mussten zunächst den Khumbu-Gletscher besteigen, der durch das Western Cwm (Westbecken) am Fuße des Everest verläuft. Dann ging es weiter über den Lhotse, den Nachbarberg des Mount Everest, zum Südsattel und von dort auf den berühmten Gipfel.

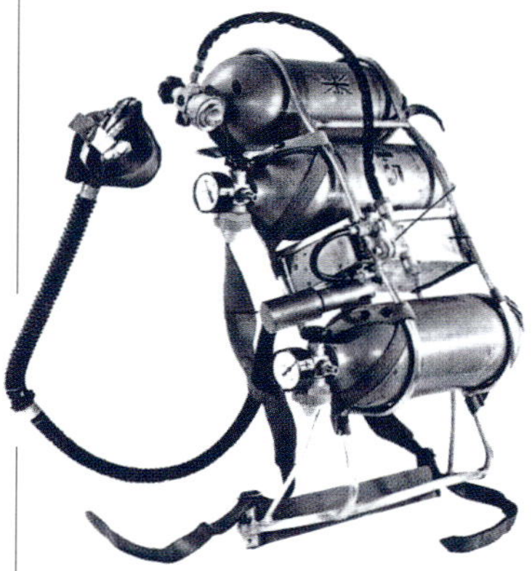

SAUERSTOFFGERÄTE
Die dünne Luft in der Gipfelregion des Everest enthält so wenig Sauerstoff, dass die Bergsteiger auf mitgebrachtes Atemgas aus schlauchartigen Behältern angewiesen waren. Der leichteste Tank wog über fünf Kilogramm, drei davon wurden benötigt. Das entspricht in etwa dem Gewicht eines sechsjährigen Kindes.

» Hoch über uns, fast unwirklich weit entfernt, ragte der schwarze Gipfel des Everest auf. «

EDMUND HILLARY

GEPÄCKZUG DER SHERPAS
Es führte keine Straße zum Everest. Daher mussten die vielen Tonnen Ausrüstung über schmale Bergpfade befördert werden. Hunderte von Sherpas, Männer wie Frauen, schleppten das Gepäck ins Basislager nahe dem entlegenen buddhistischen Kloster von Thyangboche.

Die Landschaft war von außergewöhnlicher Schönheit, steckte aber voller Gefahren. Gletscherspalten, Tiefschnee und rutschige Eisplatten machten den Aufstieg äußerst schwierig.

Doch schließlich waren alle Vorbereitungen getroffen und die beiden Teams bereit. Evans und Bourdillon machten sich in Begleitung von Hunt und zwei Sherpas auf den Weg zum Gipfel.

In Lager 7 bereiteten sich auch Hillary und seine Gruppe auf den Start vor. Bald stiegen sie über verschneite Hänge bergan. Als sie das höchste Camp, Lager 8, erreichten, riss der Nebelschleier um sie herum für einen Moment auf.

Gletscherspalten sind tiefe Risse im Eis. Sie verstellen so manchen Weg zum Gipfel.

Bergsteigergruppen verteilten Proviant und Material auf die neun Lager am Berg.

»Sie sind oben! Bei Gott, sie sind oben!«, rief einer aus Hillarys Mannschaft. Er hatte Evans und Bourdillon erspäht, die inzwischen allein unterwegs waren. Alle starrten gebannt nach oben, doch die Wolken zogen sich wieder zu.

Zweieinhalb Stunden später kamen Evans und Bourdillon, völlig erschöpft und von Kopf bis Fuß mit Reif überzogen, in Lager 8 an. 91 m unter dem Gipfel hatten sie kehrtmachen müssen, weil ihr Sauerstoff knapp wurde.

Hillary und Tenzing bekamen zwei Tage später ihre Chance. Drei andere Expeditionsteilnehmer halfen ihnen, die schwere Ausrüstung auf 8 500 Meter hinaufzutragen. Dann ließen sie sie allein. Die beiden Männer übernachteten auf einer schmalen Felsplatte.

Als sie aufwachten, war es furchtbar kalt in ihrem kleinen Zelt. Sie zogen alles an, was sie dabei hatten, und machten sich um 6.30 Uhr an den Aufstieg. Ihr Weg führte durch losen Schnee am Grat entlang. Beide wussten, dass sie in großer Gefahr schwebten, gingen aber ent-

schlossen weiter. Gegen 9.00 Uhr waren sie höher hinaufgestiegen als alle anderen vor ihnen. Plötzlich begann Tenzing zu röcheln. Hillary stellte fest, dass die Sauerstoffmaske vereist war und er deshalb keine Luft mehr bekam. Verzweifelt bog Hillary an den Gummischläuchen herum, bis es ihm schließlich gelang, die Eiskruste darin zu lösen.

Die Männer mussten gegen ihre Erschöpfung ankämpfen, um den Gipfel zu erreichen, ehe die Sauerstoffvorräte zur Neige gingen.

Erleichtert stiegen sie weiter bergan. Über tückische Eisspalten ging es dem Gipfelgrat entgegen. Zu ihrer Enttäuschung versperrten ihnen mehrere vorgelagerte Spitzen die Sicht auf den eigentlichen Gipfel. Hillary war von dem mühsamen Stufenschlagen völlig erschöpft. Doch dann hatten sie es geschafft.

Hillary stand auf dem höchsten Punkt der Erde. Tenzing schleppte sich zu ihm hinauf. Sie hatten es geschafft! Die beiden gaben sich die Hand. Als ihnen bewusst wurde, was sie geleistet hatten, fielen sie sich vor Freude in die Arme.

Der knappe Vorrat an Sauerstoff ließ ein längeres Verweilen nicht zu. Hillary machte ein paar Fotos und sammelte einige Steinchen als Souvenir. Der Buddhist Tenzing opferte den Göttern des Chomolungma (tibetischer Name für den Mount Everest) einen Teil des Proviants. Dann machten sich die beiden Bergsteiger, die bald weltberühmt sein würden, an den Abstieg zurück ins Lager.

TENZING AUF DEM GIPFEL
Für Hillary und Tenzing war die Gipfelbesteigung ein einsamer Triumph. Heute führen Agenturen reiche Sporttouristen auf den Gipfel. Müll säumt die Pfade und viele unerfahrene Kletterer sterben bei dem Versuch, den Gipfel zu bezwingen.

DIE ERSTE REISE INS ALL

Was zuvor geschah ...
Am 12. April 1961 wachte Gagarin schon früh auf und stieg in seinen Raumanzug. Er wusste, dass sein Auftrag, die Erde zu umkreisen, sehr gefährlich war. Vor ihm hatte noch kein Mensch den Weltraum erreicht oder die Schwerelosigkeit erfahren. Manche Ärzte bezweifelten sogar, dass er überhaupt würde schlucken können. Zum Abschied wurde Gagarin von einigen Ingenieuren umarmt, als würden sie sich niemals wiedersehen. Dann begann der Countdown.

DER ERSTE KOSMONAUT
Jurij Aleksejewitsch Gagarin (1934–1968) wuchs auf einem Bauernhof in Russland auf (das damals zur Sowjetunion gehörte). Während seiner Ausbildung zum Techniker trat er einem Flugverein bei. Als talentierter Pilot erhielt er einen Platz an der Luftwaffenakademie. Mit 23 Jahren begann er seine Ausbildung zum Kosmonauten (sowjetischen Raumfahrer). Am 11. April 1961 erfuhr er, dass mit ihm schon am nächsten Tag der erste bemannte Raumflug stattfinden sollte.

GAGARIN WURDE IN DER ENGEN KAPSEL NERVÖS. Die Kontrollstation hatte den Startvorgang, der ihm durch monatelanges Training vertraut war, plötzlich abgebrochen. Nach bangem Warten hörte er die Stimme des Einsatzleiters im Kopfhörer:

»Yuri, wir haben hier ein kleines Problem. Die Kapselluke ist nicht dicht. Dem müssen wir jetzt nachgehen.«

Die Verzögerung war ärgerlich, aber nachdem die Techniker die schwere Luke abgeschraubt und ausgetauscht hatten, konnte der Countdown fortgesetzt werden. Gagarin spürte ein Ruckeln, als die Startplattform zur Seite gefahren wurde. Ein Brausen in der Tiefe verriet ihm, dass die mächtigen Triebwerke gezündet hatten. Zitternd und schlingernd stieg die riesige Trägerrakete – eine umgerüstete Atomrakete – in den Himmel empor.

»Auf geht's!«, rief Gagarin in freudiger Erregung.

Weiter und weiter flog er hinauf, in Höhen, die noch niemand vor ihm erreicht hatte: zwölfmal höher als die bis dahin höchste Flugroute. Durch den wachsenden Schub der Trägerrakete erhöhte sich die Schwerkraft, mit der der Kosmonaut in den Sitz gepresst wurde, um ein Vielfaches.

Neun Minuten nach dem Start schalteten sich die Triebwerke ab. Gagarin war nun schwerelos und konnte sich entspannen. Im Bullauge zeigte sich ihm die Erde wie noch keinem Menschen vor ihm.

»Ich sehe die Wolken von oben«, meldete er der Kontrollstation. »Ich sehe einfach alles. Es ist wundervoll!« Gagarin war weniger Pilot als Passagier. Er konnte kaum mehr tun als schauen und staunen, während er über den Nordpol und das nächtliche Amerika hinwegflog. Die Kapsel wurde vom Boden aus gesteuert. Da alles vorschriftsmäßig funktionierte, musste er keinen Handschlag tun. Nach 90 Minuten war es Zeit zur Rückkehr.

Die Bremsraketen zündeten und lenkten die Kapsel zur Erde zurück. Das Raumfahrzeug wurde kräftig durchgeschüttelt, die Kontrollleuchten flackerten und gingen aus – ganz wie geplant. Nach einer Weile leuchteten die Anzeigen jedoch erneut auf.

Die Kapsel verhielt sich sonderbar. Sie

drehte sich und trudelte wie ein außer Kontrolle geratenes Modellflugzeug. Außerdem wurde es im Innern so heiß, dass Gagarin mächtig zu schwitzen anfing. Er hörte es knistern wie bei einem Brand, konnte aber nichts dagegen unternehmen, obgleich er ahnte, was passiert war: Die Kommandokapsel hatte sich nicht, wie vorgesehen, von der Versorgungseinheit getrennt. Beide Teile waren noch durch Strom- und Datenleitungen miteinander verbunden.

»Die Schwerkraft ist extrem. Mich reißt's nach allen Seiten auseinander«, meldete er ächzend der Bodenstation.

Nach diesen Worten war ein Explosionsgeräusch zu hören. Anstatt darauf zu warten, dass ihn der Schleudersitz automatisch aus der Kapsel entließ, hatte er sich per Knopfdruck selbst hinauskatapultieren lassen. Unmittelbar darauf öffnete sich über ihm der Fallschirm. Er konnte beruhigt aufatmen.

Nach seiner Landung war er eine Berühmtheit: Major Gagarin, der erste sowjetische Kosmonaut und der erste Mensch im Weltall.

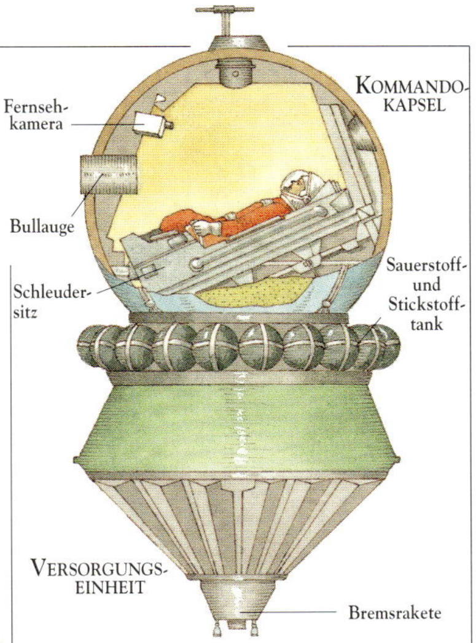

DIE WOSTOK 1
Gagarins Raumfahrzeug bestand aus zwei Teilen. Die kugelförmige Kommandokapsel, in der der Kosmonaut seinen Platz hatte, saß auf der Versorgungseinheit, in der das Stromaggregat sowie die Steuerraketen mitsamt Treibstoff untergebracht waren. Nach der Erdumrundung sollten sich die Teile voneinander trennen.

WIE ES WEITERGING ...

Gagarin wurde weltweit als Held gefeiert und überall, wo er auftauchte, von jubelnden Massen begrüßt. Sein Erfolg alarmierte jedoch die Vereinigten Staaten. Weil man befürchtete, dass die Sowjetunion den Weltraum unter ihre Kontrolle bringen könnte, verkündete US-Präsident John F. Kennedy sechs Wochen später, dass die Amerikaner noch vor 1970 auf dem Mond landen würden.

DIE ERSTE MONDLANDUNG

Was zuvor geschah ...

Am 16. Juli 1969 brachte die riesige Trägerrakete Saturn drei Astronauten in die Erdumlaufbahn. Dort koppelten sie das Landefahrzeug *Eagle* und die Kommandokapsel *Columbia* aneinander. Dann zündeten sie die Startraketen und flogen auf den 390 000 Kilometer entfernten Mond zu. Drei Tage später umkreisten sie ihn. Armstrong und Aldrin stiegen in die *Eagle* um und machten die Luke dicht. Der Sinkflug auf die Mondoberfläche erfolgte größtenteils computergesteuert.

DIE ASTRONAUTEN
Für die *Apollo-11*-Mission zum Mond wurden die Astronauten Neil Armstrong, Edwin »Buzz« Aldrin und Michael Collins (alle Jahrgang 1930) ausgewählt. Sie sollten die ersten Menschen dort oben sein. Alle drei waren Piloten der amerikanischen Luftwaffe und hatten schon Flüge in den Weltraum unternommen. Michael Collins würde in der Kommandokapsel zurückbleiben und den Mond umkreisen, während die beiden anderen mit dem Landefahrzeug im so genannten Sea of Tranquillity (Meer der Stille), einer flachen, trockenen Ebene, landen sollten.

»LASST ES SCHÖN LOCKER ANGEHEN auf der Mondoberfläche«, sagte Michael Collins den Freunden, bevor die Brennkammer der Rakete in der *Eagle* mit einem Flammenregen zündete und der Sinkflug begann. Im Inneren des Landefahrzeugs überprüfte Neil Armstrong die Instrumente. Sein Partner Buzz Aldrin verglich die Anzeigen der beiden Bordcomputer miteinander. Hunderte von Malen hatten sie diesen ersten *Eagle*-Flug in einem Simulator auf der Erde geprobt. Jetzt aber waren die Krater, die sie unter sich sahen, echt.

Buzz las die Daten auf den Bildschirmanzeigen laut vor. Bei einer Höhe von 1 800 Metern über der Mondoberfläche wurde er von Neil unterbrochen. »Störmeldung!« Er zeigte auf ein gelbes Warnlicht.

Die Digitalanzeige meldete Fehlercode 1202. Ein solcher Fehler war beim Training nicht aufgetreten. Ihnen blieben nur wenige Sekunden, um zu entscheiden, ob sie den Landeanflug fortsetzen oder umkehren sollten.

Weit über ihnen kreiste Michael Collins in der *Columbia*. Er nahm die Checkliste zur Hand. Was hatte die Fehlermeldung 1 202 zu bedeuten? Bevor er die Antwort fand, meldete sich die Kontrollstation auf der Erde: »Wir prüfen den Alarm. Roger.«

Es zeigte sich, dass der Bordcomputer überlastet war. Der Landeanflug der *Eagle* konnte dennoch gefahrlos fortgesetzt werden.

Beruhigt schaltete Neil Armstrong die Automatik ab. Auf dem letzten Abschnitt wollte er das kleine, käferförmige Landefahrzeug von Hand steuern. Buzz überprüfte immer wieder ihre Flughöhe.

»400 Fuß ... 300 ... 200«, rief er, den Blick angestrengt auf die Instrumente gerichtet. Auch die Geschwindigkeit las er weiterhin vor, denn die dünnen Landebeine der *Eagle* konnten zwar kleinere Stöße abfangen, ein allzu hartes Aufsetzen würde aber womöglich Probleme mit sich bringen.

Neils Hände umklammerten die Hebel, mit denen er Geschwindigkeit und Lage des Landefahrzeugs steuerte. Gebannt starrte er durch das Bullauge. Die Oberfläche war inzwischen gut zu erkennen, doch was er

sah, gefiel ihm gar nicht. Die *Eagle* würde den so sorgsam ausgewählten Landeplatz verfehlen. Statt auf flaches Gelände zuzuschweben, flogen sie über einen von Felsen umgebenen Krater. Eine Landung dort würde das Fahrzeug beschädigen. Neil schaute sich nach einem geeigneteren Landeplatz um.

Plötzlich ertönte eine angespannte Stimme vom Kontrollzentrum in den Kopfhörern: »Noch 30 Sekunden«, lautete die Warnung. Der Treibstoff reichte nur noch für eine halbe Flugminute. Neil antwortete nicht.

»40 Fuß ... da unten staubt's schon ... 30 ...«, murmelte Buzz. Die *Eagle* setzte über ein paar Felsbrocken hinweg und schwebte dann auf der Stelle. »Wir haben Mondkontakt!«, rief Neil aufgeregt, als die abgerundeten Füße der Fähre auf der Mondoberfläche aufsetzten.

»Motoren abschalten«, sagte er und fügte dann triumphierend hinzu: »Hier Mondbasis Tranquillity (Stille) ... die *Eagle* ist gelandet.«

SATURN V
Die gewaltige, dreistufige Trägerrakete Saturn V wuchtete die *Apollo 11* ins All. Der obere Teil enthielt das Raumschiff, das aus den Modulen (Einheiten) *Eagle* und *Columbia* bestand.

Mit den Bremsraketen konnte die Eagle *sanft landen.*

WIE ES WEITERGING ...
Neil und Buzz stiegen aus und betraten als erste Menschen den Mond. Zweieinhalb Stunden später flogen sie zurück zu Michael Collins in der *Columbia*. Die Rückkehr zur Erde verlief problemlos.

Stichwortverzeichnis

A

Aborigines 64–65, 67
Afrika 10–11, 24–25, 58–61, 70–71
Alamo, Schlacht von 56
Alaska 46
Aldas 52–53
Aldrin, Edwin »Buzz« 92–93
Alpen 10–11
Amazonas 50, 52
Amerika (siehe Neue Welt, Nordamerika, Südamerika)
Amundsen, Roald 74–75
Anden 52
Antarktis 74–75
Apollo-11–Mission 92–93
Armstrong, Neil 92–93
Arzneien 44
Ashley River 43
Astronauten 90–91, 92–93
Atlantiküberquerung 20–23, 78–79, 80, 81
Atoll 84, 85
Ausgestoßene 40–41
Aussetzen (Marooning) 40, 44
Australien 64–67, 68–69
Azteken 29–31

B

Bahamas 23
Balsaholz 85
Banditen 14–15, 17, 19, 68–69
Batten, Jean 81
Bergsteiger 52–53, 86–89
Beutelschneider 37
Blackbeard 6, 9, 42–45
Bonpland, Aimé 50–52
Botaniker 50, 51
Bourdillon, Tom 78–88
Bragadino 35
Burke, Robert O' Hara 64–67
Bushranger 49, 68–69

C

Caillié, René 58–61
Campeche, Bucht von 28
Cannae, Schlacht von 11
Casiquiare 52
Cellini, Benvenuto 32–33
Cervantes, Miguel de 34–35
Charleston 43
Chimborazo 52
China 15, 19
Clark, William 54
Collins, Michael 92–93
Cook, James (Kapitän) 46–47
Cooper Creek 64, 66
Cortés, Hernán 6, 28–31
Crockett, Davy 56–57

D

Da Gama, Vasco 24–27
Defoe, Daniel 41
Delhi 17, 18–19
Días, Bartolomëu 26
Diebe 36–37, 47
Danielsson, Bengt 82, 85
Dolch 63
Don Quijote 35
Dschansi 62–63
Duval, Claude 38–39

E

Earhart, Amelia 80–81
Elefanten 10–11, 18, 19
Engelsburg (Castel Sant' Angelo) 32–33
Entdecker 54–55, 58–61, 64–67, 70–71, 74–75 (siehe auch Reisende, Expeditionen)
Entdeckungsreisen 12–13, 20–27, 46–47
Entermesser 45
Erik der Rote 12–13
Eriksson, Leif 7, 12–13
Evans, Charles 87–88
Expeditionen 12–13, 20–27, 46–47

F

Fernández, Juan 40–41
Fische, fliegende 84
Fliegerasse 76–77, 78–79, 80–81
Floß 10, 82–85
Flucht 32–33, 34–35
Flugwettbewerb 80–81
Freibeuter 45
Freundschaftsinseln (Tonga) 46
Frith, Moll 36–37
Früchte 22, 27
Furt 56–57

G

Gabun 70
Gagarin, Yuri 90–91
Galgenharnisch 39
Gefangene 32–33, 34–35
Gewürze 26
Girolamo 32
Glenrowan 68
Gletscherspalte 86–88
Gold 23, 27, 29–31, 33
Golf von Carpenteria 65–66
Gray, Charles 64–66
Grenzbewohner 56–57
Grislibär (Grizzly) 55
Grönland 13
Gwalior 63

H

Hannibal 10–11
Haugland, Knut 82, 83
Hawaii 46, 47
Hawker, Lanoe 77
Herolfson, Bjarni 12, 13
Heyerdahl, Thor 82–85
Hillary, Edmund 86–89
Hispaniola 23
Höhenkrankheit 52, 87
Hottentotten (Khoi-Khoin) 24–25
Humboldt, Alexander von 50–53
Humboldt-Affe 52
Hunt, John 87–88
Hütte 67, 70

I

Ibn Battúta 16–19, 60
Indianer 54, 55, 56
Indianer, Krieg gegen 56
Indien 17, 18, 24–27, 62–63
Isla Robinson Crusoe 41

J

Jefferson, Thomas 54

K
Kalikut 26–27
Kamele 60–61, 64, 65
Kanarische Inseln 20
Kanu 50–51, 54, 59, 71
Kap der Guten Hoffnung 24–27
Karawane 16, 60–61
Karibik 22–23, 28, 42
Karthager 10
Kelly, Dan 68
Kelly, Edward »Ned« 49, 68–69
King, John 64–67
Kingsley, Mary 70–71
Kleidung, leichte 45
Knorr (Wikinger) 12
Kolumbus, Christoph 6, 7, 20–23, 28
Kompass 25
Kon-Tiki 82–85
Kopfschmuck, aztekischer 31
Korallenriff 85
Kosmonauten 90–91
Kriegsflieger 76–77
Kriegsheldin 62–63
Kuba 23, 28, 52
Kublai-Khan 14–15

L
Lakshmi Bai 62–63
Leopard 70–71
Lepanto, Schlacht von 34
Lewis, Meriwether 54–55
Lindbergh, Charles 78–79
Lissabon 27
London 36–37
Lösegeld 34, 35, 43
Louisiana 54
Luftderby 80–81

M
Mandan, Volk der 54
Marine, britische 44,45,46
Marokko 16, 19, 61
Maschinengewehr 77
Maske, aztekische 30
Maynard, Leutnant 44
Meer der Stille 93
Mekka 16, 17, 58
Menindee 64
Mexiko 29–30
Missouri 54
Moctezuma 29, 31
Mohammed Ibn Tughluq 17, 18
Moll Cutpurse 36–37
Mondlandung 73, 91, 92–93
Moslems 16–18, 34, 58, 60
Mount Everest 86–89

N
Nahrungsmittel 22
Navigation 25
Neue Welt 12–13, 20–23
Niger 59
Niña (Kolumbus) 20–23
Nordamerika 42–45, 54–55, 56–57
Norgay, Tenzing 86–89

O
Oates, Titus 75
Ogowe 70–71
Orinoco 50–51, 52

P
Pazifischer Ozean 46–47, 55, 82–85
Pichincha 52
Pilger 16–17
Pinta 20–23
Pinzón, Martín 21
Piraten 9, 34, 42–45
Piratenflagge 43
Pirogge 59
Polarexpedition 74–75
Polo, Marco 14–15
Portugiesen 24–27

Q
Queen Anne's Revenge (Blackbeard) 42–43
Quetzalcoatl 30

R
Raaby, Torstein 82, 85
Rao Sabib 63
Raumfahrt 90–91, 92–93
Regenwald 50, 70
Reisende (Händler) 14–15, 16–19
Resolution (Cook) 46–47
Richthofen, Manfred von 76–77
Robinson Crusoe 41, 58
Rocky Mountains 55
Rom 32–33
Römer 10–11
Roter Baron 76–77
Rüstung, selbst gemachte 69

S
Sacajawea 55
Sahara 60–61
San Salvador 22
Sanduhr 25
Santa María (Kolumbus) 20–23
Sargassosee 21
Saturn V Rakete 93
Sauerstofftank 52, 88
Schlacht 11, 28–29, 30–31, 62–63
Schwert 63
Scipio 10–11
Scott, Robert 74–75
Seidenstraße 15
Selkirk, Alexander 40–41
Selwyngebirge 65
Sherpas 86–89
Sioux, Volk der 54
Sklaven 34–35
Skorbut 27, 46
Spanier 20–23, 28–31, 41
Spirit of St. Louis (Lindbergh) 78–79
St. Helena Buch 24
St. Louis 54–55
Steigeisen 86, 87
Steinschlosspistole 45
Straßenräuber 38–39
Stuart, John 64–67
Südamerika 28–31, 50–53
Südpol 74–75

T
Tahiti 46
Taschendiebe 37
Teach, Edward 42
Teneriffa 52
Tenochtitlán 28–31
Texcoco-See 29, 31
Timbuktu 58–61
Tlaxcaltecs 29–31
Tonga 46

U
Ureinwohner, amerikanische 54, 55, 56

V
Vega (Earhart) 80–81
Venedig 14–15, 26
Vinland 13
Vulkane 52–53

W
Waffen 45, 63
Watzinger, Hermann 82–83
Weltkrieg, Erster 76–77, 78
Westindische Inseln 22, 28
Wikinger 12–13
Wills, William 64–67
Wissenschaft 50–53, 71, 74
Wostok Raumkapsel 90–91
Wüste 16, 60–61, 64–67

Z
Zamorin von Kalikut 26–27

Bildnachweis

Der Verlag dankt folgenden Institutionen für Abdruckrechte:

o = oben, u = unten, m = Mitte, l = links, r = rechts

AKG London: 12ml, 15ur, 48–49, 50ml, 75 ml, Erich Lessing 33ur
Ancient Art & Architecture Collection: 20ml
Bridgeman Art Library, London/New York: *Portrait von Marco Polo (1254–1324)* der Dolfino Biblioteca Nazionale, Turin, Italien 14ml, Sloane 197 f. 18, *Vasco da Gama (1469–1525)* British Library London 23or, *Hernando Cortés, der spanische Eroberer Mexikos* (Kopie) von Meister Salsana Giraudon/Museo Nacional de Historia, Mexiko City, Mexiko, 28ml, *Schlacht von Lepanto 7. Oktober*, 1571 von Anonymus, National Maritime Museum, London 8–9, *Don Quixote aus Cervantes »Don Quixote de la Mancha«* von Walter Crane (1845-1915) Privatsammlung 35or, Mr *N.T. Hicks in the guise of the French highwayman Claude Duval (1643-70)* von English School Victoria and Albert Museum, London 38ml
British Library, London: 62ul
British Museum, London: 10ml, 23ur, 30ml
Jean-Loup Charmet: Societé de Geographie, Paris 58ml
Christie‘s Images: 63ur
Corbis UK Ltd: Yann Arthus-Bertrand 59mr, Bettmann 80ml, Bettmann/Underwood & Underwood 79mr, Bettmann/UPI 90ml, ChromoSohm Inc/Joseph Sohm 54mlu, Huton-Deutsch Collection 73mr, Wolfgang Kaehler 41or, Library of Congress 78ml, John Noble 67or, Roger Ressmeyer 64ur
E.T. Archive: 36ml, 57or
Mary Evans Picture Library: 16ml, 34ul, 37ur, 47or, 60ml, 68ml, 71mr, 72–73, Fawcett Library 70ml
Robert Harding Picture Library: 18ol, Robert Francis 66mlo
Hulton Getty: 40ml, 81or
The Kon-Tiki Museum, Oslo, Norwegen: 82ml, 85or
NASA: 92ml, 93or
National Maritime Museum, London: 25ur, 41ml, 45or, 45ur, 71ur
Natural History Museum, London: 51or
Peter Newark´s Pictures: 55or, 56ml, 76mr
Oxford Scientific Films: Richard Herrmann 84ml
Royal Geographical Society Picture Library: 86ml, 88ul, ol, 89ur
Rye Town Hall: 39or
Statens Historika Museum, Stockholm: 13mr
State Library of Victoria: La Trobe Picture Collection 69 mr, or
Tony Stone Images: 17ur, Jean-Marc Truchet 85ur
Topham Picturepoint: 46ml, National Library Turin 32ml
Michael Zabe: 31or

Umschlag
AKG London: Erich Lessing hinten um
British Museum, London: vorn mlo
E.T. Archive: hinten or
Mary Evans Picture Library: hinten mr
Hulton Getty: Rücken
Royal Geographic Society Picture Library: vorn mlu